Aprende a Programar
en
MATLAB

Roberto Silva Acuña

ISBN: 978-1502538734

TABLA DE CONTENIDOS

Tabla de Contenidos

Introducción

    Editor de Líneas de Comando

    Los elementos de las Matrices

    Declaraciones y Variables

    Informaciones de la Área de Trabajo

    Números y Expresiones Aritméticas

    Números y Matrices Complejas

    Formato de Salida

    La ayuda de Matlab

    Funciones

    Operaciones con Matrices

    Transposición

    Sumas y Restas

    Multiplicación

    División

    Exponenciación

Operaciones con Conjuntos

  Suma y Resta

  Multiplicación y División

  Exponenciación

  Operaciones Comparativas

Uso de cadenas (Strings

  Visualizar las variables de cadena

  Las celdas de las matrices de cadenas

  Comparación de cadenas

  Las funciones anónimas

  Errores comunes con cadenas

Manipulación de Vectores y Matrices

  Generando Vectores

  Elementos de las Matrices

Las Matrices

  Declarar matrices

    declarar Matrices fila y columna

    Declarar matrices multidimensionales

  Las funciones de matriz

Introducir datos en una matriz

Asignación de variables

Acceso a los elementos de una matriz

Direccionamiento Lógico

Operadores racionales en matrices

Operadores booleanos en matrices

Las Funciones

Integración Numérica

Ecuaciones No-Lineales y Optimización

Ecuaciones Diferenciales

Llamar una función desde la línea de comandos

Los controladores de las funciones

Gráficos

Gráficos Bidimensionales

Estilos de Línea y Símbolo

Números Complejos

Escala Logarítmica, Coordenada Polar y Gráfico de Barras

Parcelando Gráficos Tridimensionales y Contornos

Anotaciones en el Gráfico

Control de Flujo

    Bucle for

    Bucle while

    Declaraciones if y break

    Sentencia If

    Sentencia switch

    Declaración Try/Catch

    Sentencia For

    Break, continue, y Return

    Errores comunes en el control de flujo

Los Archivos ".m"

    Almacenamiento de archivos

    Cargar archivos

    Restricciones de nomenclatura de archivos

    Path

Operaciones con el Disco

    Manipulación del Disco

    Ejecutando Programas Externos

    Importando y Exportando Datos

Las cajas de herramientas

   Introducción al Symbolic Math Toolbox

   Variables simbólicas

   Números simbólicos

   Funciones simbólicas

   Manipulaciones de funciones algebraicas

   Ecuaciones algebraicas

   Resolver ecuaciones algebraicas con una sola variable

   Resolver funciones simbólicas para variables particulares

Depurando el Código de Matlab

   Usar comentarios para depurar el código

   Evitar bucles infinitos

Introducción al entorno gráfico de matlab

   Creando una GUI

   Herramientas del Programa

      Edit text

      Pop-up-menu y List box

      Push button

      Toggle button

Radio buttons

Text

Propriedades(Property Inspector)

Construcción de una Gui

Algunos ejemplos

Ejemplo 1:

Ejemplo 2:

Ejemplo 3:

Como usar una *listbox*

Creando una lista

1°paso

2°paso

3°paso

4°Paso

Construyendo paneles para la interface

Abrir y guardar archivos

Guardar

Herramientas Útiles

Comandos básicos de Matlab

Símbolo del sistema (prompt)

Operaciones básicas

   Cálculo de expresiones numéricas

Variables

Operadores booleanos

Guardar sesiones

Recuperación de comandos

   Variables especiales

   Algunas Funciones matemáticas elementales

   Expresiones con Funciones

Vectores

   Operaciones con vectores

   Acceder a los elementos de Vectores

Declarar un vector

   Declarar un vector con espaciamiento lineal o logarítmico

   Vector Magnitud

   Producto escalar

   Producto Cruzado

Las matrices

Operaciones con matrices

Declarar Estructuras

matrices de estructuras

Accediendo a los campos

Acceso a elementos de la matriz

Sub-arrays mediante direccionamiento lógico

Las Matrices Celulares

Los gráficos en dos dimensiones

Rotar gráficos en 3D

Superficies de contorno

Superficies de contorno

Matemáticas Simbólicas

Las variables simbólicas

Límites

Derivadas

Integrales

Simplificación de Expresiones en Matlab

Mostrar las expresiones

Gráficos con funciones simbólicas

Las variables de sustitución

Resolución de ecuaciones

Operaciones aritméticas que crean números complejos

manipular valores complejos

Lista de Ejercicis

Ejercicios Prácticos

% Recursos de Almacenamiento de Datos

% Recursos Gráficos

% Ajuste de curvas de datos experimentales

% Programando con Matlab

% Crear una subrutina

% Crear un programa gráfico 3d

Ejercicio con operaciones de calculadora

Referencias

Acerca del Autor

INTRODUCCIÓN

MATLAB es un "software" interactivo de alto rendimiento que está orientado al cálculo numérico. MATLAB integra análisis numérico, cálculo con matrices, procesamiento de señales y integra la construcción de gráficos en un entorno que es realmente sencillo de utilizar, donde los problemas y las soluciones son simplemente expresiones que son escritas de manera matemática.

MATLAB es un sistema cuyo elemento básico de información es una matriz que no requiere de dimensionamiento. Ese sistema permite la resolución de muchos problemas numéricos en apenas una fracción del tiempo que emplearía en escribir un programa similar en los lenguajes de programación Fortran, Basic o C. Además de eso, las soluciones de los problemas son expresiones del MATLAB que son escritas matemáticamente.

El gestor de programas de Windows puede abrir un grupo de programas del MATLAB for Windows, que se identifican con el icono de la aplicación MATLAB. Haga doble clic sobre el icono de MATLAB y ya se carga la aplicación MATLAB.

Cuando MATLAB se carga, se muestran dos ventanas: la Ventana de Comandos (Command Windows) y la Ventana Gráfica (Graphic Windows). La Ventana de Comandos se activa cuando se inicializa MATLAB, y el "prompt" estándar (>>) se muestra en cada pantalla.

A partir de este punto, MATLAB espera las instrucciones del usuario. Para introducir una matriz pequeña, se usa, por ejemplo:

>> A = [1 2 3; 4 5 6; 7 8 9]

Se colocan corchetes alrededor de los datos y se separan las líneas por punto y coma. Cuando se presiona la tecla <enter> MATLAB responde como:

A =

1 2 3
4 5 6
7 8 9

Para invertir esta matriz podemos usar la siguiente expresión:

B >> = inv(A)

y MATLAB responde con el resultado.

Es necesario declarar el directorio actual antes de guardar un archivo, cargar un archivo, o ejecutar un archivo-M (M-file). De forma predeterminada, a menos que edite el acceso de directo MATLAB, el directorio actual será .../MATLAB/work. Después de iniciar MATLAB, puede cambiar el directorio actual, ya sea usando la barra de herramientas en la parte izquierda de la pantalla, o tecleando la ruta en la barra de la parte superior.

El directorio actual es el directorio de MATLAB que será el primer lugar en donde se buscará cuando una función sea llamada. Por lo tanto si usted tiene varias carpetas y cada una de ellas tiene un archivo-M del mismo nombre, no habrá ninguna discrepancia si se establece el directorio actual de antemano. El directorio actual también es el directorio en el que MATLAB buscará primero un fichero de datos.

Si usted todavía desea llamar a una función, pero esta no es parte del directorio actual, debe definirla usando conjunto de utilidades de MATLAB `set path`. Para acceder a esta utilidad, siga la ruta siguiente:

file > set path... > add folder...

También puede ir a `add folder with subfolders...`, si va a añadir un grupo entero, como lo haría si instalara una caja de herramientas. A continuación, busque y seleccione la carpeta que desee. Si se olvida de hacer esto e intenta acceder a un archivo que no forma parte de la lista en su ruta definida, provocará un error `undefined function`.

EDITOR DE LÍNEAS DE COMANDO

Las teclas con flechas se pueden usar para encontrar los comandos que se han usado anteriormente, para ejecutarlos de nuevo o para reeditarlos. Por ejemplo, suponga que usted teclea lo siguiente:

>> log (sqt(tan(pi/5)))

Como para calcular la raíz cuadrada el comando que usamos es sqrt, pero MATLAB responderá con un mensaje de error:

??? Undefined funcion or variable sqt. //función o variable sqt no definida

En vez de tener que reescribir la línea entera, simplemente pulse la tecla "flecha hacia arriba". El comando que nos daba error se vuelve a escribir en la línea de comandos, después mueva el cursor hacia atrás pulsando la tecla "flecha hacia la izquierda" y agregue la letra "r". Entonces, el comando devuelve la respuesta apropiada:

>> log (sqrt(tan(pi/5)))

ans =

-0.1597

Además de las teclas con flechas, también se puede usar otras teclas para reeditar la línea de comandos. Veamos la siguiente tabla donde podremos ver algunas otras teclas y una breve descripción de su función:

↑	devuelve la línea anterior
↓	devuelve la línea posterior
←	mueve un espacio hacia la izquierda
→	mueve un espacio hacia la derecha
Ctrl ←	mueve una palabra hacia la izquierda
Ctrl →	mueve una palabra hacia la derecha
Home	Se mueve hacia el comienzo de la línea
End	Se mueve hacia el final de la línea

Del	elimina un carácter la derecha
Backspace	elimina un carácter de la izquierda

MATLAB trabaja esencialmente con un tipo de objeto, una matriz numérica rectangular pudiendo contener elementos complejos. Las matrices pueden ser introducidas en MATLAB de diferentes maneras:

- introducidas mediante la ventana de Comandos
- generadas por comandos y funciones
- pueden ser creadas en archivos ".m",
- pueden ser cargadas a partir de un archivo de datos externo.

El método más fácil para añadir matrices pequeñas en MATLAB es usando una lista explícita. Los elementos de cada línea de la matriz están separados por espacios en blanco o comas y las columnas separadas por punto y coma, colocando corchetes alrededor del grupo de elementos que forman la matriz. Por ejemplo, introduzca con la expresión:

>> A=[1 2 3;4 S 6;7 8 9]

Pulse <enter> en el MATLAB y le mostrará el resultado:

A=

| 1 | 2 | 3 |
| 4 | 5 | 6 |

7   8   9

La matriz A se guarda en la memoria RAM del ordenador, quedando almacenada para uso posterior. Las matrices también se pueden introducir línea a línea, lo que identifica a las matrices de grande dimensión. Por ejemplo:

\>> A = [1 2 3

\>> 4 5 6

\>> 7 8 9]

Otra manera de añadir matrices en MATLAB es a través de un archivo en formato texto con extensión ".m". Por ejemplo, veamos un archivo llamado "generar.m" que contienen estas tres líneas de texto,

A=   [1 2 3

4 S 6

7 8 9]

Después la expresión "generar" lee el archivo y introduce la matriz A.

\>>generar

El comando load puede leer matrices generadas por MATLAB y almacenarlas en archivos binarios o en matrices generadas por otros programas almacenados en archivos ASCII.

LOS ELEMENTOS DE LAS MATRICES

Los elementos de las matrices pueden ser cualquier expresión de MATLAB, como por ejemplo:

>> x = [-1.3 sqrt(2) ((1+2+3)*4/5)^2]

Obtenemos como resultado:

x =

-l.3000 1.4142 23.0400

Un elemento individual de la matriz puede ser reverenciado con un índice entre paréntesis. Siguiendo el ejemplo anterior,

>> x(6) = abs(x(l))

Obtenemos como resultado:

x =

-1.3000 1.4142 23.0400 0 0 1.3000

Vea que la dimensión del vector x se aumenta automáticamente hacia acomodar el nuevo elemento y que los elementos del intervalo indefinido están establecidos a cero.

Las matrices grandes se pueden construirs a partir de pequeñas matrices. Por ejemplo, se puede anexar otra línea en la matriz A usando:

>> r= [10 11 12];

>> A= [A;r]

Obtiene el resultado:

A=

1 2 3

4 5 6

7 8 9

10 11 12

Advierta que el vector r no fue listado porque se añadió ";" al fnal. Las matrices, pequeñas pueden ser extraídas de grandes matrices usando ";". Por ejemplo,

>> A = A(1:3,:);

Esta línea selecciona las tres primeras líneas y todas las columnas de la matriz A actuales, modificándolas hacia su forma original.

DECLARACIONES Y VARIABLES

Las expresiones usadas son interpretadas y evaluadas por el sistema. Las declaraciones en MATLAB suelen tener la siguiente forma:

>> variable = expresión

o simplemente

>> expresión

Las expresiones están compuestas de operadores y de otros caracteres especiales, de funciones y de los nombres de las variables. La evaluación de las expresiones produce matrices, que se muestran en la pantalla y se atribuyen las variables para su uso futuro. Si el nombre de la variable y la señal de igualdad "=" son omitidas, la variable con o nombre ans, que representa a palabra "answer" (respuesta), se crea automáticamente. Por ejemplo, introduzca la expresión:

>> 1900/81

Se obtiene el resultado:

ans=

23.4568

Si el último carácter de la declaración es un punto y coma ";", se suprime la impresión en pantalla, pero la tarea se realiza sin ningún problema. Ese procedimiento se usa en archivos con extensión ".m" y en situaciones donde el resultado es una matriz de grandes dimensiones y tenemos interés en sólo algunos de sus elementos. Si la expresión es tan grande que no cabe en sólo una línea, se puede continuar la expresión en la próxima línea usando un espacio en blanco y tres puntos"...", al final de las líneas incompletas. Veamos un ejemplo:

>> j = I - 1/2 + 1/3 - 1/4 + 1/5 - 1/6 + 1/7 ...
>> - 1/8 + 1/9 - I/10 + 1/11 - 1/12 + 1/13;

Calcula el resultado de la serie, atribuyendo la suma a la variable J, pero no imprime el resultado en la pantalla. Advierta que los espacios en blanco entre las señales "=", "+" y "-" son opcionales, pero el espacio en blanco entre "1/7" y los puntos suspensivos "..." es obligatorio.

Las variables y las funciones pueden ser formadas por un conjunto de letras, o por un conjunto de letras y de números, donde solamente los primeros 19 caracteres del conjunto son identificados. MATLAB hace distinción entre las letras mayúsculas y minúsculas, por lo que a y A no son la misma variable. Todas las funciones tienen que ser escritas en letras minúsculas: por ejemplo, inv(A) calcula la inversa de A, pero si escribe INV(A) obtendrá el resultado de una función indefinida.

INFORMACIONES DE LA ÁREA DE TRABAJO

En los ejemplos de declaraciones que vimos anteriormente las variables que se crearon son almacenadas en el Área de Trabajo de MATLAB. Por ejemplo, si ejecutamos:

>> who

Obtendremos una lista de las variables almacenadas en el Área de Trabajo:

Sus variables son:

A   ans   j   n   v

Que muestra las cinco variables generadas en nuestros ejemplos, incluyendo ans.

Una información más detallada nos muestra la dimensión de cada una de las variables corrientes que obtenemos con el comando whos que en este ejemplo nos produce el resulado de:

Name	Size	Efements	Bytes	Density	Complex
A	3 by 2	6	56	Full	No
ans	1 by 1	1	8	Full	No
j	1 by 2	2	16	Full	No
n	1 by 1	1	8	Full	No
v	1 by 3	3	24	Full	No

Grand total is 13 elements using 112 bytes

Cada elemento de una matriz real requiere 8 bytes de memoria, por ello, nuetra matriz A de dimensión 3x3 usa 72 bytes y todas las variables utilizadas usan un total de 112 bytes.

NÚMEROS Y EXPRESIONES ARITMÉTICAS

La notación decimal convencional, con punto decimal opcional y el signo de menos, se usan con los números. La potencia de diez puede ser incluida como un sufijo. A continuación se muestran algunos ejemplos de números aceptados:

3   -99   0.00001

9.637458638   1.602E-20   6.06375e23

Las expresiones pueden ser construidas usando los operadores aritméticos comunes y las reglas de precedencia:

1	^	exponenciación
2	/	división a la derecha
2	\	división a la izquierda
3	*	multiplicación
4	+	suma
4	-	resta

Deberá tener en cuenta que existen dos símbolos para la división: las expresiones 1/4 y 4\1 tienen el mismo valor numérico, el resultado de esto es 0,25. Los paréntesis se usan en su forma estándar para modificar al mismo la precedencia usual de los operadores aritméticos.

NÚMEROS Y MATRICES COMPLEJAS

Los números complejos están permitidos en todas las operaciones y funciones de MATLAB. Los números complejos se introducen usando las funciones especiales i y j. Por ejemplo

>> z= 3 + 4*i

o

>> z= 3 +4*j

Otro ejemplo lo podemos ver en:

>> w= r * exp(i*zeta)

Las siguientes declaraciones muestran dos maneras convenientes para introducir matrices complejas en MATLAB:

>> A= [1 2; 3 4]+i*[5 6;7 8]

y

>> A= [1+5*i 2+6*i; 3+7*i 4+8*i]

Estas dos declaraciones producen el mismo resultado.

i y j fueron usados como variables, de forma que tienen sus valores originales modificados, con lo que una nueva unidad compleja deberá ser creada y utilizada de la siguiente manera:

>> ii = sqrt(-1);

>> z = 3 + 4*ii

FORMATO DE SALIDA

El formato numérico mostrado en la pantalla se puede modificar utilizando el comando format, que afecta solamente de la manera de cómo se muestran las matrices, y no en como son manipuladas o guardada.

Si todos los elementos de las matrices son enteros exactos, la matrices se muestran en un formato sin ningún punto decimal. Por ejemplo,

>> x = [-1 0 1]

Dará como resultado

x =

-1 0 1

Si por lo menos uno de los elementos de la matriz no es un entero exacto, existen varias posibilidades de formatear la salida. El formato "default", llamado formato short, muestra aproximadamente 5 dígitos significativos que usan notación científica, como por ejemplo a expresión

>> x = [4/3 1.2345e-6]

Que es mostrada, para cada formato usado, de la siguiente manera:

format short	1.3333 0.0000
format short e	1.3333e+000 1.2345e-006

format long	1.33333333333333 0.000000123450000
format long e	1.333333333333333e+000 1.234500000000000e-006
format hex	3ff5555555555555 3eb4b6231abfd271
format rat	4/3 1/810045
format bank	1.33 0.00
format +	++

Con el formato short y long, si el mayor elemento de la matriz es mayor que 1000 o menor que 0.001, se aplica un factor de escala común para que la matriz completa se pueda mostrar, como por ejemplo,

>> x = 1.e20*x

Este es el resultado de la multiplicación que será mostrado en la pantalla.

X =

l.0e+20 *

1.3333 0.0000

El formato + es una manera compacta de mostrar matrices de grandes dimensiones. Los símbolos "+", "-", y el "espacio en blanco" son mostrados, respectivamente para elementos positivos, elementos negativos y ceros.

LA AYUDA DE MATLAB

MATLAB tiene un comando de ayuda (help) que nos provee de informaciones sobre la mayor parte de los tópicos. Para ello solamente tenemos que teclear el siguiente comando:

>> help

Y podrá obtener una lista de los tópicos disponibles:

HELP topics:

- **c:\matlab:** Establish MATLAB sesion parameters.
- **matlab\general:** General purpose commands.
- **matlab\ops**: Operators and special characters.
- **matlab\lang:** Language constructs and debugging.
- **matlab\elmat:** Elementary matrices and matrix manipulation.
- **matlab\specmat:** Specialized matrices.
- **matlab\elfun:** Elementary math functions.
- **matlab\specfun:** Specialized math functions.
- **matlab\matfun:** Matrix functions - numerical lineal algebra.
- **matlab\datafun:** Data analysis and Fourier transform functions.

- **matlab\polyfun:** Polynomial and interpolation functions.
- **matlab\funfun:** Function functions: nonlineal numerical methods.
- **matlab\sparfun:** Sparse matrix functions.
- **matlab\plotxy:** Two dimensional graphics.
- **matlab\piotxyz:** Three dimensional graphics.
- **matlab\graphics:** General purpose graphics functions.
- **matlab\color:** Color control and lighting model functions.
- **matlab\sounds:** Sound procesing functions.
- **matlab\strfun:** Character string functions.
- **matlab\iofun:** Low-level file I/0 functions.
- **matlab\demos:** Demonstrations and samples.
- **simulink\simulink:** SIMULINK model analysis.
- **simulink\blocks:** SIMULINK block library.
- **simulink\simdemos:** SIMULINK demonstrations and samples.
- **nnet\exampies:** Neural Network Toolbox examples.
- **nnet\nnet:** Neural Network Toolbox.

For more help on directory/topic, type 'help topic".

Para obtener informaciones sobre un tópico específico, escriba el siguiente comando help topic, como por ejemplo,

>> help plotxy

Este comando nos muestra una lista de todos los comandos relacionados con los gráficos bidimensionales: Two dimensional graphics.

Elementary X-Y graphs.

- **Plot**: Lineal plot.
- **Loglog:** Log-log scafe plot.
- **Semilogx:** Semi-log scale plot.
- **Semilogy**: Semi-log scale plot.
- **Fill:** Draw filled 2-D polygons.
- Specialized: X-Y graphs.
- **Polar:** Polar coordinate plot.
- **Bar:** Bar graph.
- **Stem:** Discrete sequence or & "stemm" plot.
- **Stairs:** Stairstep plot.
- **Errorbar:** Error bar plot.
- **Hist:** Hestogram plot.

- **Rose:** Angle hestogram plot.
- **Compas:** Compas plot.
- **Feather:** Feather plot.
- **Fplot:** Plot function
- **Comet:** Comet-like trajectory.

En anotación gráfica:

- **Title:** Graph title.
- **Xlabel:** X-axis label.
- **Ylabel:** Y-axis label.
- **text**: Text annotation.
- **Gtext:** Mouse placement of text.
- **Grid**: Grid lines.

Finalmente, para obtener información sobre un comando específico, por ejemplo title, debemos teclear:

>> help title

Con ello podremos ver informaciones más detalladas sobre el comando que hayamos solicitado:

TITLE Titles for 2-D and 3-D plots.

TITLE ('text') adds text at the top of the current axis.

See also XLABEL, YLABEL, ZLABEL, TEXT.

FUNCIONES

El punto fuerte de MATLAB viene de un conjunto extenso de funciones. MATLAB tiene un gran número de funciones intrínsecas que no pueden ser modificadas por el usuario. También tiene otras funciones disponibles en una biblioteca externa distribuida con el programa original (MATLAB TOOLBOX), que son en realidad archivos con la extensión ".m" creados a partir de las funciones intrínsecas. La biblioteca externa (MATLAB TOOLBOX) se puede actualizar constantemente a medida que las nuevas aplicaciones son desarrolladas. Las funciones de MATLAB, intrínsecas o los archivos ".m", pueden ser utilizadas solamente en el entorno MATLAB.

Las categorías generales de las funciones matemáticas disponibles en MATLAB incluyen:

- Matemática elemental
- Funciones especiales
- Matrices elementales
- Matrices especiales
- Descomposición y factorización de matrices
- Análisis de datos
- Polinomios
- Solución de ecuaciones diferenciales
- Ecuaciones no-lineales y optimización
- Integración numérica

- Procesamiento de señales

Las secciones subsecuentes muestran más detalles de esas diferentes categorías de funciones.

OPERACIONES CON MATRICES

Las operaciones que se pueden hacer con matrices en MATLAB son las siguientes:

- Suma
- Resta
- Multiplicación
- División la derecha
- División la izquierda
- Exponenciación
- Transposición

TRANSPOSICIÓN

El carácter apóstrofe, " ` ", indica la transpuesta de una matriz. La declaración

>> A = [1 2 3; 4 5 6; 7 8 0]

>> B = A`

Dará como resultado lo que vemos a continuación:

A =

1	2	3
4	5	6
7	8	0

B =

1	4	7
2	5	8
3	6	0

y

>> x = [-1 0 2]`

Que nos dará como resultado lo siguiente:

x =

-1

0

2

Si Z es una matriz compleja, Z' será el conjugado complejo compuesto. Para obtener simplemente la transpuesta de Z se debe usar Z.', como podemos ver en el ejemplo siguiente:

>> Z = [1 2; 3 4] + [5 6; 7 8]*i

>> Z1 = Z'

>> Z2 = Z.'

Dará como resultado lo siguiente:

Z =

    1.0000 + 5.0000i   2.0000 + 6.0000i

    6.0000 + 7.0000i   4.0000 + 8.0000i

Z1 =

    1.0000 - 5.0000i   3.0000 - 7.0000i

    2.0000 - 6.0000i   4.0000 - 8.0000i

Z2 =

    1.0000 + 5.0000i   3.0000 + 7.0000i

    2.0000 + 6.0000i   4.0000 + 8.0000i

SUMAS Y RESTAS

La suma y la resta de matrices son indicadas, respectivamente, por "+" y "-". Las operaciones son definidas solamente si las matrices tienen las mismas dimensiones. Por ejemplo, la suma de las matrices mostradas anteriormente, A + x, no es correcta porque A es 3x3 y x es 3x1. Por lo que,

>> C = A + B

Es aceptable, y el resultado de la suma es:

C =

   2   6 10

   6 10 14

  10 14   0

La suma y la resta también pueden ser definidas si uno de los operadores es un escalar, o sea, una matriz l x l. En este caso, el escalar es sumado o restado de todos los elementos del otro operador. Por ejemplo:

>> y = x - 1

Dará como resultado lo siguiente:

y =

  -2

  -1

   1

MULTIPLICACIÓN

La multiplicación de matrices se indica mediante "*". La multiplicación x*y se define solamente si la segunda dimensión de x fuera igual a la primera dimensión de y. La siguiente multiplicación:

>> x'* y

Es correcta y dará como resultado lo siguiente:

ans =

    4

Es evidente que el resultado de la multiplicación y'*x será lo mismo. Existen otros dos productos que son transpuestos el uno del otro.

>> x*y'

ans =

    2   1   -1
    0   0   0
   -4   -2   2

>> y*x'

ans =

    2   0   -4
    1   0   -2

-1   0   2

El producto de una matriz por un vector es un caso especial del producto entre matrices. Por ejemplo A y X,

>> b = A'x

Dará como resultado lo siguiente:

b =

5

8

-7

Naturalmente, un escalar se puede multiplicar o ser multiplicado por cualquier matriz.

>> pi*x

ans =

-3.1416

0

6.2832

DIVISIÓN

Existen dos símbolos para la división de matrices en MATLAB "\" y "/". Si A es una matriz cuadrada no singular, entonces A\B y B/A corresponden respectivamente a la multiplicación a la izquierda y a la derecha de la matriz B por la inversa de la matriz A, o inv(A)*B y B*inv(A)N, pero el resultado es obtenido directamente. Por norma general,

- X = A\B es la solución de A*X = B
- X = B/A es la solución de X*A = B

Por ejemplo, como el vector b fue definido como A*x, la declaración

>> z = A\b

Dará como resultado lo siguiente:

z =

-1

0

2

EXPONENCIACIÓN

La expresión A^p eleva A a la p-ésima potencia y es definida si A es una matriz cuadrada y p es un escalar. Si p es un entero mayor que uno, la exponenciación se computa como múltiples multiplicaciones. Por ejemplo,

>> A^3

ans =

279   360   306

684 873 684

738 900 441

OPERACIONES CON CONJUNTOS

El término operaciones con conjuntos se usa cuando las operaciones aritméticas se realizan entre los elementos que ocupan las mismas posiciones en cada matriz (elemento por elemento). Las operaciones con conjuntos se realizan como las operaciones normales, utilizando los mismos caracteres ("*", "/", "\", "^" y " ' ") y precedidos por un punto "." (".*", "./", ".\", ".^" y ".' ").

SUMA Y RESTA

Hacia la suma y la resta, la operación con conjuntos y las operaciones con matrices son las mismas. De este modo los caracteres "+" y "-" se pueden utilizar tanto para operaciones con matrices como para operaciones con conjuntos.

MULTIPLICACIÓN Y DIVISIÓN

La multiplicación de conjuntos se indica con ".*". Si A y B son matrices con las mismas dimensiones, entonces A.*B indica un conjunto cuyos elementos son simplemente el producto de los elementos individuales de A y B, como por ejemplo, si:

>> x = [1 2 3];   y = [4 5 6];

Tendríamos,

>> z = x .* y

Dará como resultado lo siguiente:

z=

    4 10 18

Las expresiones A./B y A.\B forman un conjunto cuyos elementos son simplemente los cocientes de los elementos individuales de A y B. Por lo que si:

>> z = x .\ y

Dará como resultado lo siguiente:

z =

    4.0000 2.5000 2.0000

EXPONENCIACIÓN

La exponenciación de conjuntos se indica con ".^". A continuación veremos algunos ejemplos que usan los vectores x y y. A expresión

>> z = x.^ y

Dará como resultado lo siguiente:

z =

    1   32   729

La exponenciación puede usar un escalar, como podemos ver en el ejemplo siguiente:

```
>> z = x..^2

z =

    1    4    9
```

O también, la base puede ser un escalar, como podemos ver en el ejemplo siguiente:

```
>> z = 2.^[x y]

z =

    2    4    8    16    32    64
```

OPERACIONES COMPARATIVAS

Estos son los seis operadores que se usan para la comparación de dos matrices con las mismas dimensiones:

<	menor
<=	menor o igual
>	mayor
>=	mayor o igual

==	igual
~=	diferente

La comparación se realiza entre los pares de elementos correspondientes y el resultado es una matriz compuesta de los números uno y cero, con el uno representando VERDADERO y cero, FALSO, como por ejemplo,

>> 2 + 2 ~= 4

ans =

    0

Se puede usar también los operadores lógicos & (e) y | (o). Por ejemplo,

>> 1= = 1 & 4 = = 3

ans =

    0

>> 1 = = 1 | 4 = = 3

ans =

    1

USO DE CADENAS (STRINGS)

Además de los números, MATLAB también puede manipular cadenas. Estas deben ir entre comillas simples:

\>> fstring = 'hola'

fstring =

hola

Si desea incluir una comilla simple esta es una manera de hacerlo:

\>> fstring = ''''

fstring =

'

\>> fstring = ´Soy yo´

fstring =

Soy yo

Una cosa importante que debe de recordar acerca de las cadenas es que MATLAB las trata como un array de caracteres. Para ver esto, trate de ejecutar el siguiente código:

\>> fstring = 'hello';

\>> class(fstring)

ans = char

Por lo tanto, muchas de las funciones para la manipulación de arrays funcionará de igual manera con estas matrices como cualquier otro array más, como la función de 'size', `transpose´, y así sucesivamente. También puede acceder a partes específicas del mismo mediante el uso de la sintaxis de indexación estándar.

El intento de realizar operaciones aritméticas con matrices de caracteres las convierte en doubles.

>> fstring2 = 'mundo';

>> fstring + fstring2

ans = 223 212 222 216 211

Estas cifras provienen de los números estándar para cada carácter en la matriz. Estos valores se obtienen utilizando la función "double" para iniciar la matriz en una matriz de doubles.

>> double(fstring)

ans = 104 101 108 108 111

La función 'char' puede convertir un conjunto de valores doubles de nuevo en caracteres. El intento de convertir un decimal en un caracter provoca que MATLAB redondee a la baja:

>> Char (104)

ans = h

>> Char (104.6)

ans = h

Dado que las cadenas de MATLAB son tratadas como matrices de caracteres, tienen algunas funciones especiales, como por ejemplo, si desea comparar la cadena completa de una sola vez y no sólo sus componentes:

- findstr (CadenaGrande, CadenaPequeña) busca si una cadena más pequeña está contenida en una cadena más grande, y si es así, devuelve el Índice de donde comienza la cadena más pequeño. En otro caso devuelve [].
- strrep (cadena1, reemplazado, reemplazo) reemplaza todas las instancias de *reemplazado* en *cadena1* con *reemplazo*

VISUALIZAR LAS VARIABLES DE CADENA

Si todo lo que quiero hacer es mostrar el valor de una cadena, puede omitir el punto y coma como es habitual en MATLAB. Si desea mostrar una cadena en la ventana de comandos en combinación con otro texto, una forma es utilizar un array combinado con las funciones 'display' o 'disp':

>> Fstring = 'hola';

>> display ([fstring 'mundo'])

holamundo

MATLAB no pone el espacio entre las dos cadenas. Si quiere poner un espacio en blanco, deberá ponerlo usted mismo.

Esta sintaxis también se utiliza para concatenar dos o más cadenas en una sola variable, lo que permite la inserción de un número amplio de caracteres en cadenas:

>> Fstring = ['soy' char (39) 'yo']

fstring = soyyo

Cualquier otra función que devuelve una cadena también se puede utilizar en la matriz.

También puede utilizar la función "strcat" para concatenar cadenas, que hace lo mismo que la anterior cuando se utiliza dos strings, pero es especialmente útil si usted está usando un conjunto de strings, ya que permite concatenar lo mismo a todas las cadenas a la vez. Lamentablemente no se puede utilizar para agregar espacios en blanco (strcat descarta los espacios en blanco porque considera que MATLAB los considera extraños). Aquí está la sintaxis para este uso.

>> strCell = {'A', 'B'};

>> strcat(strCell, '_');

ans =

A_

B_

Por último, a pesar de que MATLAB no tiene una función printf, se puede hacer esencialmente lo mismo utilizando 1 como su identificador de fichero en la función fprintf. Los identificadores de formato son esencialmente los mismos que hay en C.

>> X = 9.2

>> fprintf(1, '%1.3f\n', X);

9.200

El "9.200" se imprime en la pantalla. fprintf es bueno comparado con pantalla porque usted no tiene que llamar num2str sobre todo de los números en una cadena - sólo tiene que utilizar el identificador formato adecuado en el lugar que desee.

>> X = 9.2

>> fprintf(1, 'El valor de X es %1.3f metros por segundo \n', X);

El valor de X es 9.200 metros por segundo

LAS CELDAS DE LAS MATRICES DE CADENAS

En muchas aplicaciones, en particular en aquellas que usted usa para analizar archivos de texto, como lectura de hojas de Excel con el texto, etc... Se encontrará con las celdas de las matrices de las cadenas.

Usted puede utilizar la función "iscellstr" para saber si todos los elementos de una celda de una determinada matriz son cadenas o no.

>> notStrCell = {'AA', []};

>> iscellstr(notStrCell)

ans = 0

Esto es útil ya que las funciones que trabajan con celdas de matrices de cadenas provocarán errores cuando se les ofrece algo que no es una célula matriz de cadenas. En particular, todas estas fallan si todos los elementos de la matriz proporcionada están son elementos de la matriz vacíos ([]) que es algo frustrante si el archivo de texto que se proporciona contiene celdas vacías. Usted debe capturar esta excepción antes de llamar a la función de manipulación cellstr.

Para buscar una celda de una matriz de cadenas se puede hacerlo con las funciones de expresiones regulares "strmatch", "strfind", y "regexp". Strmatch busca una cadena dentro de un conjunto de celdas de cadenas cuyos primeros caracteres que coincidan exactamente con la cadena se pasa a esta, y devuelve el índice de todas las cadenas de la matriz en las que se encuentra una coincidencia. Si usted le da la opción de 'exact', sólo se devolverá los índices de los elementos que son exactamente lo mismo de lo que se ha pasado. Por ejemplo:

>> strCell = {'Aa', 'AA'};

>> strmatch('A', strCell);

ans = 1, 2

>> strmatch('A', strCell, 'exact');

ans = []

>> strmatch('Aa', strCell, 'exact');

ans = 1

Strfind no sólo busca una cadena específica dentro de un conjunto de celdas de cadenas, sino que trata de encontrar en cualquier parte de cada cadena. Para cada elemento x de la matriz de celdas dada de cadenas, devolverá una matriz vacía si no hay coincidencia encontrada en x y el inicio de los índices (recuerde, las cadenas son matrices de caracteres) de todos los elementos encontrados en x si encuentran una coincidencia con la consulta.

>> strCell = {'Aa', 'AA'};

>> strfind(strCell, 'A');

ans = % la respuesta es un array de dos elementos (mismo tamaño que strCell):

1 % Índice del comienzo de la cadena "A" en la primera celda

1 2 % Índice que cada instancia del comienzo de la cadena "A" en la segunda celda

>> strfind(strCell, 'a');

ans =

2

[] % 'a' no se ha encontrado

La combinación "cellfun"/"IsEmpty" es muy útil para la identificación de los casos en los que era la cadena o no se ha encontrado. Puede utilizar la función de búsqueda en combinación con estas dos funciones para devolver el índice de todas las celdas en las que el se encontró la cadena de consulta.

>> strCell = {'Aa', 'AA'};

>> idxCell = strfind(strCell, 'a');

>> isFound = ~cellfun('isempty', idxCell); % Devuelve "0" si idxCell está vacía y "1" en otros casos

>> foundIdx = find(isFound)

foundIdx = 2

La función strfind también tiene algunas otras opciones, como la opción de devolver sólo el índice del primer o el último elemento encontrado.

La función regexp funciona del mismo modo que strfind pero en lugar de buscar cadenas, literalmente, trata de encontrar coincidencias dentro de la matriz de cadenas utilizando expresiones regulares. Las expresiones regulares son una forma eficaz para que coincida con los patrones dentro de cadenas (no sólo cadenas específicas dentro de otras cadenas). Se han escrito libros enteros acerca de las expresiones regulares, por lo que no pueden ser cubiertos con mayor detalle en este libro. Sin embargo, existen muchos buenos recursos online y la documentación de MATLAB para la sintaxis que MATLAB específica. Tenga en cuenta que MATLAB implementa algunas, pero no todas las expresiones regulares extendidas disponibles en otros lenguajes como Perl.

Desafortunadamente, MATLAB no tiene, de forma innata, funciones para hacer las operaciones comunes con cadenas que tienen otros lenguajes tales como la división de cadenas. Sin embargo, es muy posible encontrar muchas de estas funciones en una búsqueda en Google.

COMPARACIÓN DE CADENAS

A diferencia de los arrays racionales, las cadenas no se pueden comparar correctamente con el operador de relación, porque este va a tratar la cadena como una matriz de caracteres. Para obtener la comparación que desee realizar deberá usar la función strcmp de la siguiente manera:

>> string1 = 'a';

>> strcmp(string1, 'a')

ans = 1

>> strcmp(string1, 'A')

ans = 0

Tenga en cuenta que las cadenas en mayúsculas y minúsculas para MATLAB no son iguales, es decir, que 'a' y 'A' no son lo mismo. Además la función strcmp no descarta el espacio en blanco:

>> strcmp(string1, ' a')

ans = 0

Las cadenas deben ser exactamente la misma en todos los aspectos.

Si las entradas son matrices numéricas entonces la función strcmp devolverá 0, incluso si los valores son los mismos. Así que esta función sólo es útil para las cadenas. Utilice el operador == para los valores numéricos.

>> Strcmp (1,1)

ans = 0.

LAS FUNCIONES ANÓNIMAS

Una función anónima se puede crear en la línea de comandos o en un script:

>>f = @(x) 2*x^2-3*x+4;

>>f(3)

ans = 13

Para hacer una función anónima de múltiples variables, deberá usar una lista separada por comas al declarar las variables:

>>f = @(x,y) 2*x*y;

>>f(2,2)

ans = 8

Es posible realizar una serie de funciones anónimas en MATLAB 7.1, pero estas se convertirán en obsoletas en poco tiempo así que no se recomienda usar esta construcción en un programa distribuido.

Para pasar funciones anónimas a otras funciones, sólo tiene que utilizar el nombre de la función anónima en su llamada:

>> f = @(t,x) x;

>> ode45(f, [0:15],1)

ERRORES COMUNES CON CADENAS

Hay dos maneras con las que usted puede crear una cadena; utilizar la sintaxis 'string', o escriba dos palabras separadas sólo por espacios en blanco (sin incluir saltos de línea), como en

>> save file.txt variable

En esta línea, archivo.txt y variable se pasan a la función save como cadenas. Se trata de un error ocasional el olvidar un paréntesis sin querer y tratar de pasar una cadena a una función que no acepta cadenas como entrada:

>> eye 5

??? Error al utilizar ==> eye

Sólo la entrada debe ser numérica o un nombre de clase numérica válida.

Estos no deben de ser difíciles de detectar debido a que la cadena es un código de color púrpura. Cosas como esta ocurren si descomenta un línea de texto y se olvide de cambiarlo.

Olvidar el cierre ' en la otra sintaxis de una cadena resulta en un error evidente:

>> A = 'hi

??? A = 'hi
     |

Error: Una cadena constante MATLAB no está correctamente terminada.

La cadena incompleta es de color rojo para hacerle saber que no está terminada, ya que es otra manera fácil de olvidar.

Un error común con las cadenas es tratar de compararlas usando el operador '=='. Esto no funciona si las cadenas no tienen la misma longitud, porque las cadenas son arrays de caracteres, y para comparar matrices con '==' deben ser del mismo tamaño. Para comparar dos cadenas debe utilizar la función strcmp:

>> 'AA' == 'AaA'

??? Error usando ==> eq

Las dimensiones de matriz deben coincidir.

>> strcmp('AA', 'AaA')

ans = 0

\>\> strcmp('A', 'a')

ans = 0

\>\> strcmp('AA', 'AA')

ans = 1

Tenga en cuenta que las cadenas de MATLAB distinguen entre mayúsculas y minúsculas, 'A' y 'a' no son la misma cadena.

También ten en cuenta que el carácter ´ para iniciar y finalizar las cadenas que terminan es el mismo carácter que indica la transposición. Así que si cierra una cadena y no la comienza, lo más probable es que termine con un error sobre una variable no definida o simplemente obtendrá resultados muy extraños porque transportarán algo que no pretendía.

MANIPULACIÓN DE VECTORES Y MATRICES

MATLAB permite la manipulación de líneas, columnas, elementos individuales y partes de las matrices.

GENERANDO VECTORES

Los dos puntos, ":", es un carácter importante en MATLAB. La siguiente declaración.

>> x = 1:5

Genera un vector línea que contiene los números del 1 al 5 con incremento unitario. Produciendo la siguiente salida:

x =

    1 2 3 4 5

Se pueden usar otros incrementos diferentes de uno, como por ejemplo:

>> y = 0 : pi/4 : pi

Dará como resultado lo siguiente:

y =

0.0000   0.7854   1.5708   2.3562   3.1416

También son posibles los incrementos negativos:

>> z = 6 : -l : l

z =

6 5 4 3 2 1

También se pueden generar vectores usando la función linspace, como por ejemplo,

>> k = linspace (0, l, 6)

k =

0   0.2000   0.4000   0.6000   0.8000   1.0000

1

Genera un vector linealmente espaciado de 0 a 1, conteniendo 6 elementos.

ELEMENTOS DE LAS MATRICES

Un elemento individual de la matriz puede ser indicado incluyendo sus elementos subscritos entre paréntesis, como por ejemplo, dada la matriz A:

A =

1   2   3

4 5 6

7 8 9

la declaración

`>> A(3,3) = A(1,3) + A(3,I)`

Dará como resultado lo siguiente:

A =

1 2 3

4 5 6

7 8 10

Un subscrito puede ser un vector. Si X y V son vectores, entonces X(V) es [X(V(1)), X(V(2)), ... X(V(n))]. Como las matrices, los vectores subscritos permiten el acceso a las submatrices continuas y discontinuas. Por ejemplo, supongamos que A es una matriz 9x9.

A =

92	99	11	18	15	67	74	51	58
98	80	17	14	16	73	55	57	64
14	81	88	20	22	54	56	63	70
85	87	19	21	13	60	62	69	71
86	93	25	12	19	61	68	75	52
17	24	76	83	90	42	49	26	33

23	15	82	89	91	48	30	32	39
79	16	13	95	97	29	31	38	45
10	12	94	96	78	35	37	44	46

Por lo que

>> A(1:5,3)

ans =

11
17
88
19
25

Especifica una submatriz 5x1, el vector columna, que consiste en los cinco primeros elementos de la tercera columna de la matriz A. Análogamente,

>> A(1:5,7:10)

ans =

74	51	58	40
55	57	64	41
56	63	70	47

62	69	71	28
68	75	52	34

Es una submatriz 5x4, que consiste de las primeras cinco líneas y las últimas cuatro columnas. Utilizando los dos puntos en lugar de un subscrito, denota todos los elementos de la línea o columna. Por ejemplo,

>> A(1:2:5,:)

ans =

92	99	11	18	15	67	74	51	58
14	81	88	20	22	54	56	63	70
86	93	25	12	19	61	68	75	52

es una submatriz 3x10 que consiste de la primera, tercera y quinta líneas y todas columnas de la matriz A.

Muchos efectos sofisticados son obtenidos usando submatrices en ambos los lados de las declaraciones. Por ejemplo, siendo B una matriz 9x9 unitaria,

>> B = ones (9)

B =

1	1	1	1	1	1	1	1	1
1	1	1	1	1	1	1	1	1

1	1	1	1	1	1	1	1	1
1	1	1	1	1	1	1	1	1
1	1	1	1	1	1	1	1	1
1	1	1	1	1	1	1	1	1
1	1	1	1	1	1	1	1	1
1	1	1	1	1	1	1	1	1
1	1	1	1	1	1	1	1	1

Donde la declaración,

>> B(1:2:7,6:9) = A(5:-1:2,1:5)

Dará como resultado lo siguiente:

1	1	1	1	1	86	93	25	12
1	1	1	1	1	1	1	1	1
1	1	1	1	1	85	87	19	21
1	1	1	1	1	1	1	1	1
1	1	1	1	1	14	81	88	20
1	1	1	1	1	1	1	1	1
1	1	1	1	1	98	80	17	14
1	1	1	1	1	1	1	1	1
1	1	1	1	1	1	1	1	1

LAS MATRICES

Las matrices son el tipo de datos fundamentales de MATLAB. De hecho, los tipos de datos anteriores presentados aquí, cadenas y números, son casos particulares de matrices. Al igual que en muchos lenguajes tradicionales, los arrays en MATLAB son una colección de varios valores del mismo tipo (por defecto, el tipo es equivalente al tipo double en la misma arquitectura de C. En x86 y PowerPC, es un valor de coma flotante de 64 bits. Estos se indexan a través de la utilización de un solo número entero o, para obtener más de un valor, una matriz de enteros ..

DECLARAR MATRICES

DECLARAR MATRICES FILA Y COLUMNA

Una forma sencilla de crear una fila de una matriz es dar una lista separada por comas de los valores dentro de paréntesis:

>> Array = [0, 1, 4, 5]

array =

0 1 4 5

Las comas pueden ser omitidas para una fila de una matriz porque MATLAB asumirá que usted quiere una fila de una matriz si no le dan ningún separador. Sin embargo, las comas hacen que sea más fácil de leer y puede ayudarle con las matrices más grandes. Las comas indican que la matriz será una matriz horizontal.

Para realizar una matriz de columnas puede utilizar el punto y coma para separar los valores.

>> Column = [1; 2; 3]

column =

1

2

3

Todos los elementos de un array deben ser del mismo tipo de datos, por lo que por ejemplo no se puede poner un controlador de función y un double en la misma matriz.

DECLARAR MATRICES MULTIDIMENSIONALES

Las matrices pueden ser multidimensionales. Para crear una matriz de 2 dimensiones (una matriz en términos de álgebra lineal), tenemos que dar una lista de valores separados por comas y cada fila debe estar separado por un punto y coma:

>> Array = [1, 2, 3; 4, 5, 6]

array =

1 2 3

En MATLAB el término array se conoce como una matriz. Cabe señalar que una matriz, como su equivalente matemático, exige a todas sus filas y a todas sus columnas ser del mismo tamaño:

>> Array = [1, 2, 3; 4, 5]

??? Error al utilizar ==> vertcat

Todas las filas de la expresión entre corchetes deben tener el mismo número de columnas.

Propiedades de las matrices

Contrariamente a los lenguajes de bajo nivel como C, una matriz en MATLAB es el tipo de más alto nivel de los datos: contiene diversa información sobre su tamaño, su tipo de datos, y así sucesivamente.

>> array = [0,1,4,5];

>> length(array)

ans = 4

>> class(array)

ans = double

El número de filas y columnas de la matriz puede ser conocido a través de la función incorporada en la función "size". Después de la convención matemática estándar, el primer número es el número de filas y el segundo es el número de columnas:

>> matrix = [1, 2, 3; 4, 5, 6];

>> size(matrix)

ans =

2 3

El objetivo de las matrices de MATLAB es tener un tipo similar a los vectores y a las matrices matemáticas. Como tal, las filas y las columnas de las matrices no son equivalentes. Los Arrays monodimensionales son en realidad un caso especial de matrices multidimensionales, y la función "size" puede ser utilizado por estos arrays también.

>> size(array)

ans =

1 4

Las filas y las columnas no tienen el mismo tamaño, por lo que no son equivalentes:

>> size(column)

ans =

3 1

>> size(row)

ans =

1 3

Una gran ventaja de la utilización de arrays y matrices es que le permite evitar el uso de bucles para realizar la misma operación en múltiples elementos de la matriz. Por ejemplo, suponga que desea agregar 3 a cada elemento de la matriz [1,2,3]. Si MATLAB no utilizara matrices tendría que hacer esto utilizando un bucle FOR:

>> array = [1,2,3];

>> for ii = 1:3

array(ii) = array(ii) + 3;

>> end

>> array

array = [4,5,6]

Hacer esto no es eficiente en MATLAB, ya que provocará que sus programas se ejecuten muy lentamente. En su lugar, puede crear otra matriz de 3s y añadir los dos arrays directamente. MATLAB separa automáticamente los elementos:

>> array = [1,2,3];

\>\> arraydetres = [3,3,3];

\>\> array = array + arraydetres

array = [4,5,6];

Si todo lo que queremos hacer es agregar una constante, también puede omitir la declaración de 'arraydetres', ya que Matlab asume que la constante se añadirá a todos los elementos de la matriz. Esto es muy útil, por ejemplo si se utiliza un matriz con tamaño variable:

\>\> Array = [1,2,3];

\>\> Array + 3

ans = [4,5,6]

La misma regla se aplica a la multiplicación escalar.

Las matrices son un principio fundamental de MATLAB, y casi todo en MATLAB se realiza a través de un uso masivo de matrices.

LAS FUNCIONES DE MATRIZ

Como las matrices son la estructura básica de los datos en MATLAB, es importante entender cómo utilizarlos de manera efectiva. Las matrices en MATLAB obedecen a la misma regla como su contraparte matemática: por defecto, las definiciones de la matriz se utilizan en las operaciones, a menos que un operador especial que sea llamado se aplica con el operador punto.

Debido a que las operaciones con matrices son similares a las operaciones matemáticas equivalentes, un conocimiento básico de álgebra lineal es obligatorio para poder usar MATLAB con eficacia. Sin embargo, no vamos a ser tan precisos como en las matemáticas cuando se utilizan los términos de vector y matriz. En MATLAB, ambos son conjuntos de valores doubles, y MATLAB considera vectores como matrices con una sola fila o una sola columna. Sin embargo, hay funciones especiales sólo para los vectores.

INTRODUCIR DATOS EN UNA MATRIZ

la forma más común para introducir datos en una matriz en la línea de comandos de MATLAB es poner las cifras de entrada en una lista entre corchetes:

\>\> [1, 2, 3]

ans =

1 2 3

La coma se utiliza para separar los elementos de las columnas, y el punto y coma se utiliza para separar filas. Así [1, 2, 3] es un vector fila, y [1; 2; 3] es un vector columna

\>\> [1; 2; 3]

ans =

1

2

3

Si se utiliza un espacio en blanco para separar los elementos, el separador por defecto es la coma, haciendo así que el vector sea un vector de fila.

Lógicamente, la introducción de una matriz se realiza mediante el uso de una lista separada por comas de los vectores columna, o un punto y coma para separar los vectores fila:

\>> [1, 2, 3; 4, 5, 6]

ans =

1 2 3
4 5 6

ASIGNACIÓN DE VARIABLES

Para volver a utilizar una matriz en las operaciones posteriores, se debe asignar la matriz a una variable. La asignación de variables se hace a través del símbolo igual:

\>> A = [1, 2, 3]

a =

1 2 3

Si se olvida de asignar la última declaración a una variable, la variable ans siempre apuntan a la última no asignada:

\>\> [1, 2, 3]

ans =

1 2 3

\>\> a = ans

a =

1 2 3

pero:

\>\> [1, 2, 3]

ans =

1 2 3

\>\> b = [4, 5, 6]

b =

4 5 6

\>\> a = ans

a =

Es decir ans es realmente el último resultado no asignado, y no el resultado de la última declaración. Como es el caso de la mayoría de los lenguajes interpretados, no es necesario declarar una variable antes de usarla, y la reutilización de un nombre de la variable en una asignación sobrescribirá el contenido anterior.

Para evitar llenar la línea de comandos de MATLAB, usted puede postfix cualquier comando con un punto y coma:

>> A = [1, 2, 3];

ACCESO A LOS ELEMENTOS DE UNA MATRIZ

Ahora que ya sabe cómo definir una matriz simple, usted debe saber cómo acceder a sus elementos. El acceso al contenido de una matriz se realiza a través del operador (), con el índice dentro del paréntesis; la indexación del primer elemento es 1:

>> a = [1, 2, 3];

>> a(1)

ans =

1

>> a(3)

ans =

3

El acceso a un elemento fuera de los límites del array se traducirá en un error:

>> A (5)

??? Índice que excede las dimensiones de la matriz.

Para acceder a un solo elemento de la matriz, puede utilizar el subíndice (i, j), donde i es el índice de la fila, y j el de la columna:

>> a= [1, 2; 3, 4];

>> a(1, 2)

ans =

2

>> a(2, 1)

ans =

3

También puede acceder a un elemento de la matriz a través de un índice único; En este caso, el orden de la columna es importante, lo que significa que primero irá a través de todos los elementos de la primera columna, a continuación, la columna 2d, etc ... El modo principal de la columna es el mismo que en Fortran, y al contrario de la orden en el lenguaje C.

```
>> a = [1, 2, 3; 4, 5, 6];

>> a (3)

ans =

2
```

También es posible acceder a bloques de matrices usando el operador de dos puntos (:). Este operador es como un comodín; le dice a MATLAB que desea que todos los elementos de una dimensión determinada o con índices de entre dos valores dados. Por ejemplo, le dice que quiere acceder a toda la primera fila de la matriz anterior, pero no en la segunda fila. Veamos a continuación, como se puede escribir:

```
>> a = [1, 2, 3; 4, 5, 6];

>> a (1, :) % fila 1, cada columna

ans =

1 2 3
```

Ahora le dice que sólo desea los dos primeros elementos de la primera fila. Para ello, utilice la siguiente sintaxis:

```
>> a = [1, 2, 3; 4, 5, 6];

>> a (1, 1:2)

ans =
```

La sintaxis a(:) cambia a en un vector columna (columna principal):

\>> a = [1, 2, 3; 4, 5, 6]

\>> a (:)

ans =

1

4

2

5

3

6

Por último, si usted no sabe el tamaño de una matriz, pero desea acceder a todos los elementos de un determinado índice hasta el final de la matriz, utilice el operador end, como en

\>> a = [1, 2, 3; 4, 5, 6]

\>> a (1, 2:end) % fila 1, columnas desde la 2 hasta el final de la matriz

ans =

DIRECCIONAMIENTO LÓGICO

Además del direccionamiento de índice, también se puede acceder sólo a elementos de un array que satisfaga algún criterio lógico. Para ejemplo, supongamos que en a = [1.1, 2.1, 3.2, 4.5] sólo quiere que los valores entre 2 y 4, entonces usted puede conseguir esto de dos maneras. La primera es utilizar la función de búsqueda para encontrar los índices de todos los números entre 2 y 4 de la matriz, y a continuación, abordar la matriz con los índices:

>> a = [1.1, 2.1, 3.2, 4.5];

>> INDICES = find(a >= 2 & a <= 4);

>> a(INDICES)

ans =

2.1 3.2

Esto no funciona en MATLAB 2006b.

El segundo método es utilizar el direccionamiento lógico, que realiza primero un cambio en la matriz lógica, con valor 1 si la expresión lógica es verdadera y 0 si es falsa. A continuación, busca y devuelve todos los valores de "a" que son verdaderas. La sintaxis para esto es como sigue:

>> a = [1.1, 2.1, 3.2, 4.5];

>> a(a >= 2 & a <= 4)

ans =

2 1 3 2

OPERADORES RACIONALES EN MATRICES

La parte interesante es, por supuesto, la aplicación de algunas operaciones en esas matrices. Por ejemplo, puede utilizar el clásico operaciones aritméticas + y - sobre cualquier matriz en matlab: esto se traduce en la suma de vectores y la resta como definen en vector clásico vectores de espacios, Que es simplemente la suma y la resta elementos sabia:

>> [1, 2, 3] - [1, 2, 1]

ans =

0 0 2

La multiplicación por un escalar también funciona como se espera:

>> 2 * [1, 2, 3]

ans =

[2, 4, 6]

La multiplicación y la división son más problemáticas: la multiplicación de dos vectores en sí no tiene sentido. Se hace sólo porque tiene sentido en el contexto de la matriz. Usando el símbolo * Matlab calcula el producto de la matriz, que sólo se define cuando el número de columnas de la izquierda del operando coincide con el número de filas del operando de la derecha:

\>\> a = [1, 2; 3, 4];

\>\> a * a

ans =

7 10

15 22

\>\> a = [1, 2, 3]; b = [1; 2; 3];

\>\> a * a

??? Error using ==> *

   Las dimensiones interiores de la matriz deben coincidir.

\>\> a * b

ans =

14

Utilizar el símbolo de división / tiene aún más restricciones, ya que impone el operando derecho a ser invertible. Para las matrices cuadradas, es equivalente a, por ejemplo:

>> a = [1, 2; 3, 4]; b = [1, 2; 1, 2]

>> b / a

ans =

1 0
1 0

>> a / b

matrix is singular to working precision

ans =

Inf Inf
Inf Inf

Si usted desea multiplicar o dividir dos matrices o vectores componente a componente, o elevar todos los componentes de una matriz con la misma fuente, en lugar de utilizar las definiciones de la matriz de estos operadores, se puede utilizar el punto operador (.). Las dos matrices deben tener las mismas dimensiones. Por ejemplo, para la multiplicación,

\>> a = [1, 2, 3];

\>> b = [0, 1, 2];

\>> a .* b

ans =

0 2 6

./ y .^.
Los otros dos operadores de componente a componente son

Como MATLAB es un lenguaje de computación numérica, usted debe tener en cuenta que una matriz que es teóricamente invertible puede dar lugar a problemas de precisión dando así resultados imprecisos o incluso resultados totalmente equivocados. El mensaje anterior "matrix is singular to working precision" debe aparecer en estos casos, lo que significa que los resultados no son confiables.

Las matrices no cuadradas también se pueden utilizar como el operando de la derecha de /; en este caso, se calcula el pseudoinverso, esto es especialmente útil en problemas de cuadrados mínimos.

OPERADORES BOOLEANOS EN MATRICES

Los mismos operadores booleanos que se pueden utilizar para los valores de punto también pueden ser utilizados para comparar las matrices. Para Ello, MATLAB compara los elementos de componente a componente y los devuelve en una matriz lógica del mismo tamaño que las dos matrices que se comparan. Las dos matrices deben tener el mismo tamaño. Por ejemplo,

>> A = [2,4], B = [1,5];

>> A < B

ans =

[0 1]

Debe tener cuidado al utilizar las comparaciones entre matrices como las condiciones de bucle, ya que claramente no devuelven valores individuales y, por tanto, pueden hacer que los resultados sean ambiguos. La condición del bucle debe ser reducible a un único valor booleano, True o False, no una matriz. Dos maneras comunes de hacer esto son las funciones "any" y "all". Una llamada a la función any (array) devolverá true si el array contiene los valores distintos de cero y false si todos los valores son cero. Si se hacen comparaciones primero en una dirección y luego en otra, por lo que para reducir una matriz debe llamar a cualquier función dos veces. La función all, funciona del mismo modo, devuelve verdadero si y sólo si todos los elementos en una fila o columna determinada no son cero.

LAS FUNCIONES

Una clase de comandos del MATLAB no trabaja con las matrices numéricas, pero sí con funciones matemáticas. Esos comandos incluyen:

- Integración numérica
- Ecuaciones no-lineales y optimización
- Solución de ecuaciones diferenciales

Las funciones matemáticas son representadas en MATLAB por archivos ".m". Por ejemplo, la función

$$\text{humps}(x) = \frac{1}{(x-0.3)^2+0.01} + \frac{1}{(x-0.9)^2+0.04} - 6$$

Está disponible en MATLAB como un archivo ".m" llamado humps.m:

function y = humps(x)

y = l ./ ((x-.3).^2 + .0l) + 1./((x-.9).^2 + .04) - 6;

El gráfico de esta función es:

>> x = -l:0.0l:2;

>> plot(x,humps(x))

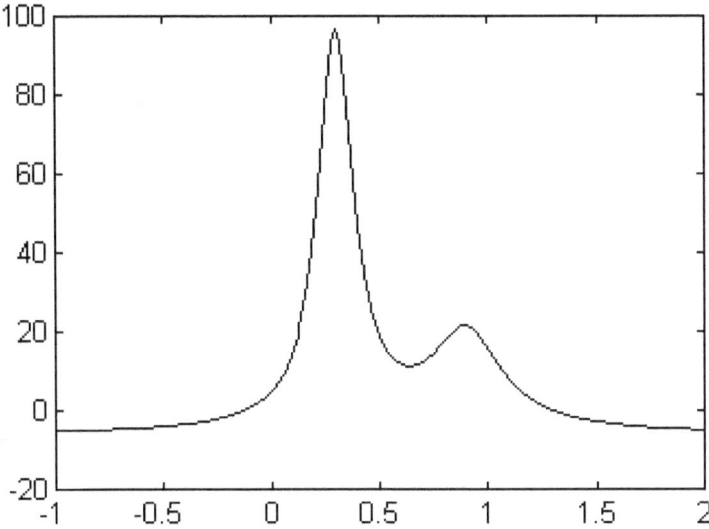

INTEGRACIÓN NUMÉRICA

El área de debajo de la curva puede ser determinada a través de la integración numérica de la función humps(x), usando el proceso llamado cuadratura. Integrando la función humps(x) de -1 a 2:

>> q = cuad ('humps',-1,2)

q =

    26.3450

Los dos comandos que usa MATLAB para la integración usando la cuadratura son:

- **Cuad:** Calcular integral numéricamente, método hacia baja orden.
- **cuad8:** Calcular integral numéricamente, método hacia alta orden.

ECUACIONES NO-LINEALES Y OPTIMIZACIÓN

Los dos comandos que se usan en MATLAB para las ecuaciones no-lineales y la optimización incluyen:

- **Fmin:** Minimizar función de una variable.
- **Fmins:** Minimizar función de varias variables
- **Fcero**: Encontrar cero de función de una variable.

Continuando el ejemplo, la localización del mínimo de la función humps(x) en el intervalo de 0.5 a 1 se obtiene de la siguiente manera,

>> xm = fmin('humps',0.5,1)

xm =

    0.6370

>> ym = humps(xm)

ym =

    11.2528

Y puede ser construido el gráfico de este intervalo con el punto mínimo:

>> x = 0.5:0.01:1

>> plot(x, humps(x), xm, ym, 'o')

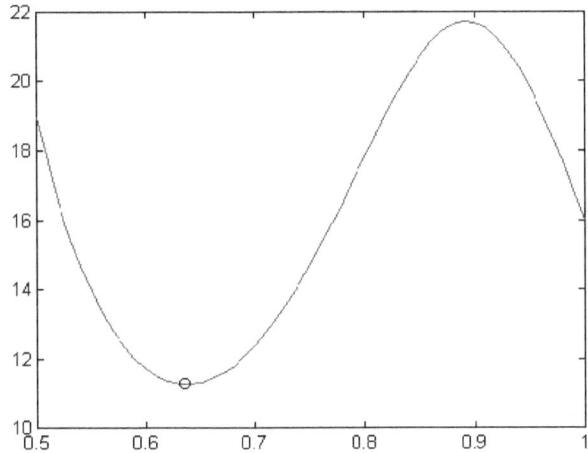

Se puede ver que la función humps(x) muestra dos "ceros" en el intercalado de -1 a 2. La localización del primer "cero" está próximo al punto x = 0,

xzl = fcero('humps',0)

xzl =

-0.1316

Y la localización del segundo "cero" está próximo al punto x= 1,

>> xz2=fcero('humps',1)

xz2 =

1.2995

El gráfico de la función con los dos "ceros" se obtiene a través de la expresión:

\>> x = -1:0.01:2

\>> plot(x, humps(x), xzl, humps(xzl),'*', xz2, humps(xz2), '+'), grid

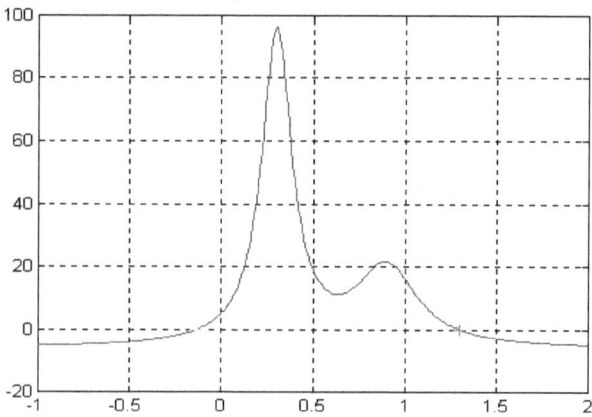

ECUACIONES DIFERENCIALES

Los comandos del MATLAB para resolver las ecuaciones diferenciales ordinarias son:

- **ode23:** Resolver ecuación diferencial. Método baja orden.

- **ode23p:** Resolver y parcelar las soluciones.

- **ode45**: Resolver ecuación diferencial. Método hacia alta orden

Considere la siguiente ecuación diferencial de segunda orden llamada Ecuación de Van der Pol

$\ddot{x} + (x^2 - 1) \cdot \dot{x} + x = 0$

Se puede rescribir esta ecuación como un sistema acoplado de ecuaciones diferenciales de primera orden

$\dot{x}_1 = x_1 \cdot (1-x_2^2) - x_2$

$\dot{x}_2 = x_1$

El primero paso para simular este sistema es crear un archivo ".m" conteniendo esas ecuaciones diferenciales, como por ejemplo, el archivo volpol.m:

function xdot=volpol(t,x)

xdot=[0 0]

xdot(l)=x(l).*(1- x(2).^2) - x(2);

xdot(2)=x(l);

Para simular la ecuación diferencial en el intervalo $0 \le t \le 20$, se utiliza el comando ode23

>> t0 = 0; tf = 20;

>> x0 = [0 0.25];

>>   [t,x] = ode23('volpol', t0, tf, x0);

>> plot(t,x)

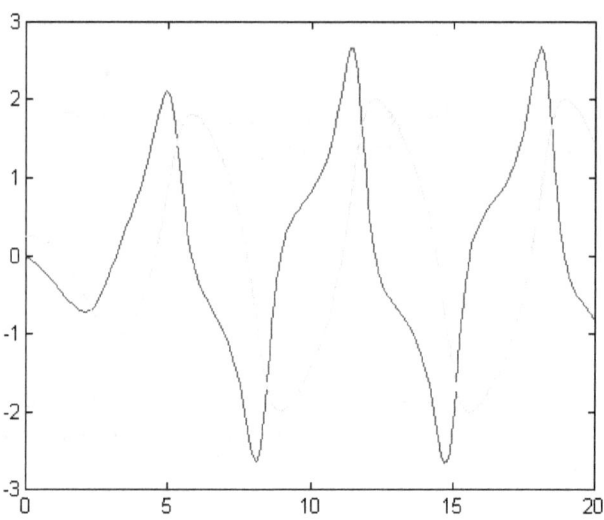

LLAMAR UNA FUNCIÓN DESDE LA LÍNEA DE COMANDOS

La línea de comandos puede utilizarse para llamar a cualquier función que esté en una ruta definida. Para llamar a una función, se usa la siguiente sintaxis:

>> [Output1, Output2,..] = functionname(input1, input2,..)

MATLAB buscará un archivo llamado *functionname.m* y ejecutará todo el código que este dentro de este hasta que se encuentre con un error o finalice el archivo. En el primer caso, se produce un ruido y se muestra un mensaje de error en rojo. En este último caso, MATLAB le cede el control a usted, esto sucede cuando el símbolo >> está visible en la parte inferior del espacio de trabajo y el texto junto al botón "Start" de la parte inferior izquierda de la pantalla dice "ready".

Use esto para llamar a las funciones realizadas por usted, así como a las incorporadas en el propio MATLAB. MATLAB tiene una gran variedad de funciones, por ello consulte el archivo de ayuda ya que es un buen lugar para buscar ayuda sobre el uso y las posibilidades de las funciones.

Tenga cuidado; la sintaxis para las funciones y para las matrices de indexación es la misma. Para evitar confusiones, solamente debe de asegurarse de que no nombra a una variable el mismo nombre de una función. Para asegurarse de ello, escriba el nombre de la variable que desea definir en el símbolo del sistema. Si le dice:

Error using ==> (functionname)

Not enough input arguments.

entonces usted tiene un conflicto con una función existente. Si le dice:

??? Undefined function or variable '(functionname)'

todo irá bien.

LOS CONTROLADORES DE LAS FUNCIONES

Un controlador de función pasa una función archivo-me a otra función. Por supuesto, esto le permite tener un mayor control sobre el

¿qué pasó allí?, y hace que su programa sea más general, ya que le permite pasar cualquier archivo-m, siempre y cuando cumpla con otros requisitos como tener el número correcto de argumentos de entrada y así sucesivamente. La funcionalidad es similar a la de los punteros a funciones en C ++.

Para pasar un archivo-m a una función, primero debe escribir el archivo-m, es decir, algo como esto:

function xprime = f(t,x)

xprime = x;

Guárdelo como myfunc.m. Para pasar este archivo a otra función, digamos a un integrador ODE, utilice el símbolo @ como sigue:

>> ode45(@myfunc, [0:15], 1)

Una ventaja de utilizar la función es que esta se encarga de las funciones anónimas para que puedan evaluar más de una ecuación en el archivo-m, lo que le permite hacer cosas como resolver sistemas de ODEs diferenciales ordinarias en lugar de sólo una. Las funciones anónimas le limitan a una ecuación.

Cómo escribir una función que acepta un controlador de una función.

También puede escribir sus propias funciones para que acepten controladores de funciones. Basta con definir como variables en su cabecera, y luego llamarlas como si fueran funciones:

% myadd añade dos variables juntas

function result = myfunc(func, a, b);

result = func(a, b);

[en un archivo-m separado]

function sum = myadd(a, b)

sum = a+b;

El comando que envíe a myfunc se ve así:

\>\> result = myfunc(@myadd, 1, 2);

result = 3

GRÁFICOS

La construcción de gráficos en MATLAB es una de las facilidades que nos ofrece. A través de comandos simples podemos obtener gráficos bidimensionales o tridimensionales con cualquier tipo de escala y coordenada. MATLAB tiene una enorme biblioteca de comandos gráficos.

GRÁFICOS BIDIMENSIONALES

Estos son los comandos para parcelar gráficos bidimensionales:

- **plot:** Parcelar linealmente.
- **Loglog:** Parcelar en escala loglog.
- **Semilogx:** Parcelar en semilog.
- **Semilogy:** Parcelar en semilog.
- **Fill:** Diseñar polígono 2D.
- **Polar:** Parcelar en coordenada polar.
- **Bar**: Gráfico de barras.
- **Stem:** Secuencia discreta.
- **Stairs:** Parcelar en pasos.
- **Errorbar:** Parcelar errores.

- **Hist**: Parcelar histograma.
- **Rose:** Parcelar histograma en ángulo.
- **Compas:** Parcelar en forma de compás.
- **Feather**: Parcelar en forma de pluma.
- **Fplot**: Parcelar función.
- **Comet:** Parcelar con trayectoria de cometa.

Si Y es un vector, plot(Y) produce un gráfico lineal de los elementos de Y versos al índice de los elementos de Y. Por ejemplo, para parcelar los números [0.0, 0.48, 0.84, 1.0, 0.91, 0.6, 0,14], entre con el vector y ejecute el comando plot:

>> Y = [0.0, 0.48, 0.84, 1.0, 0.91, 0.6, 0,14];

>> plot(Y)

Y dará el resultado que vemos en la siguiente Ventana Gráfica:

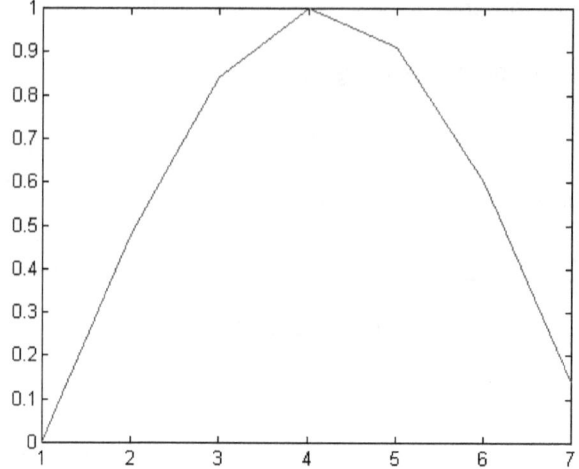

Si X e Y son vectores de iguales dimensiones, el comando plot(X,Y) produce un gráfico bidimensional de los elementos de X versos los elementos de Y, por ejemplo

>> q = 0:0.05:4*pi;

>> y = sin(q);

>> plot(q,y)

Dará como resultado la siguiente gráfica:

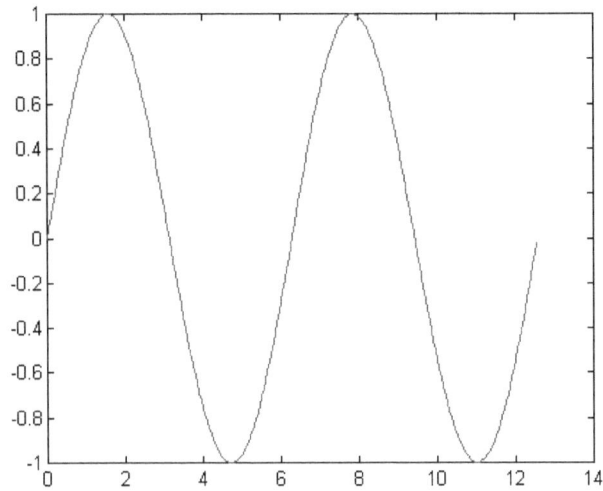

MATLAB puede también parcelar múltiples líneas y solamente un gráfico. Existen dos maneras, la primera usa solo dos argumentos, como en plot(X,Y), donde X y/o Y son matrices. Entonces:

- Si Y es una matriz y X un vector, plot(X,Y) parcela sucesivamente las líneas o columnas de Y versos al vector X.

- Si X es una matriz e Y es un vector, plot(X,Y) parcela sucesivamente las líneas o columnas de X versos al vector Y.

- Si X e Y son matrices con la misma dimensión, plot(X,Y) parcela sucesivamente las columnas de X versos las columnas de Y.

- Si Y es una matriz, plot(Y) parcela sucesivamente las columnas de Y versos al índice de cada elemento de la línea de Y.

La segunda manera de parcelar gráficos con múltiples líneas (y más fácil) es usando el comando plot con múltiples argumentos, como por ejemplo:

>> plot(t, sin(t), t, cos(t), t, sin(t + pi), t, cos(t + pi))

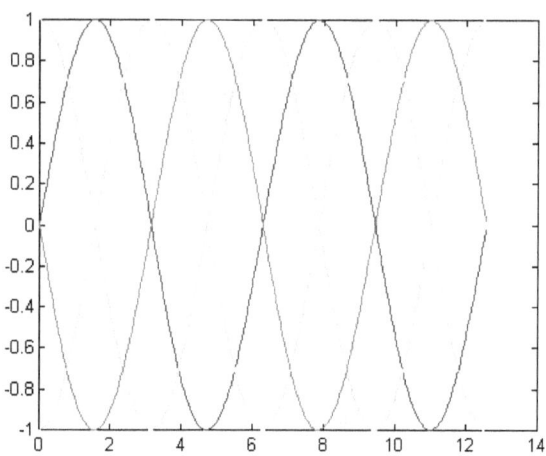

ESTILOS DE LÍNEA Y SÍMBOLO

Los tipos de líneas, símbolos y colorse usas para parcelar los gráficos pueden ser controlados si los patrones no son satisfactorios, como por ejemplo,

>> X = 0:0.05:1;

>> subplot(l2l), plot(X,X.^2,'q*')

>> subplot(l22), plot(X,X.^2,'q --')

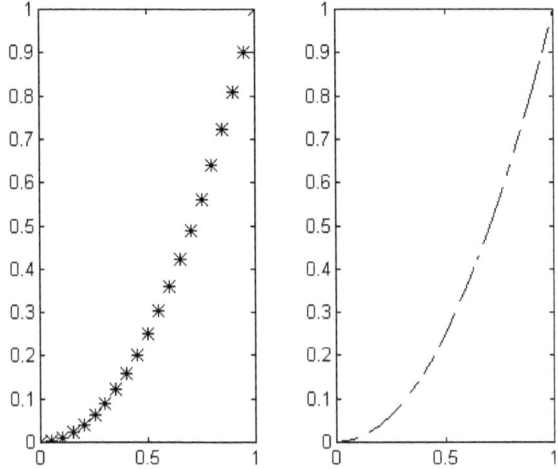

También se pueden usar otros tipos de líneas, puntos y colores como podemos ver a continuación:

TIPO DE LÍNEA	
-	———
- -	------------------
-.	-.-.-.-.-.-.-.-
:	....

TIPO DE PUNTO	
.	. . . .
*	* * * * * * * * * * *
o	o o o o o o o o o o o o
+	+ + + + + + + + +
x	x x x x x x x

COLORES	
y	amarillo
m	lila
c	azul claro

r	rojo
g	verde
b	azul escuro
w	blanco
k	negro

NÚMEROS COMPLEJOS

Cuando los argumentos para parcelar son complejos, la parte imaginaria se ignora, excepto cuando simplemente se pasa un argumento complejo. Para este caso especial es parcelada la parte real versos a la parte imaginaria. Entonces, plot(Z), cuando Z es un vector complejo, es equivalente a plot(real(Z),imag(Z)).

ESCALA LOGARÍTMICA, COORDENADA POLAR Y GRÁFICO DE BARRAS

El uso de loglog, semilogx, semilogy y polar es idéntico al uso de plot. Estos comandos son usados para parcelar los gráficos en diferentes coordenadas y escalas:

- polar(Theta,R) parcela en coordenadas polares el ángulo THETA, en radianos, versos al radio R;

- loglog parcela usando la escala log10xlog10;

- semilogx parcela usando la escala semi-logarítmica. El eje x es log10 y el eje y es lineal;

- semilogy parcela usando la escala semi-logarítmica. El eje x es lineal y el eje y es log10;

El comando bar(X) muestra un gráfico de barras de los elementos del vector X, y no acepta múltiples argumentos.

PARCELANDO GRÁFICOS TRIDIMENSIONALES Y CONTORNOS

Estos son algunos de los comandos para parcelar gráficos tridimensionales y contornos.

- **Plot3:** Parcelar en espacio 3D.

- **fill3**: Diseñar polígono 3D.

- **comet3**: Parcelar en 3D con trayectoria de cometa.

- **Contour**: Parcelar contorno 2D.

- **contour3**: Parcelar contorno 3D.

- **clavel**: Parcelar contorno con valores.

- **Quiver**: Parcelar gradiente.

- **Mesh**: Parcelar malla 3D.
- **Meshc**: Combinación malla/contorno.
- **Surf**: Parcelar superficie 3D.
- **Surfc:** Combinación surf/contour.
- **Surfil:** Parcelar superficie 3D con iluminación.
- **Slice**: Plot visualización volumétrica.
- **Cylinder:** Generar cilindro.
- **Sphere**: Generar esfera.

El comando mesh(X,Y,Z) crea una perspectiva tridimensional parcelando los elementos de la matriz Z en relación al plano definido por las matrices X e Y. Por ejemplo,

\>> [X,Y] = meshdom(-2:.2:2, -2:.2:2);

\>> Z = X.* exp(-X..^2 - Y.^2);

\>> mesh(X,Y,Z)

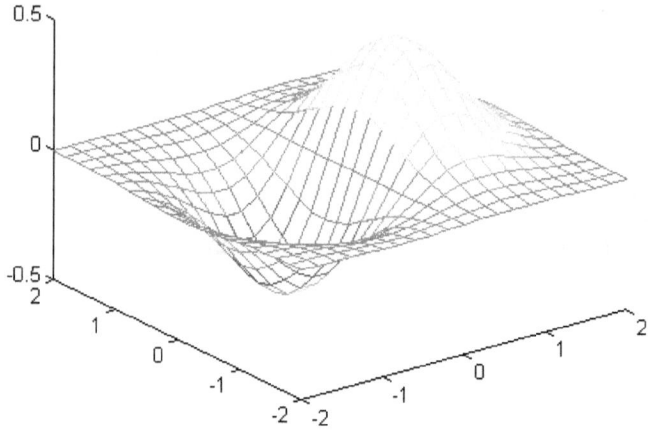

El comando contour(Z,10) muestra la proyección de la superficie anteriormente en el plano xy con 10 iso-líneas:

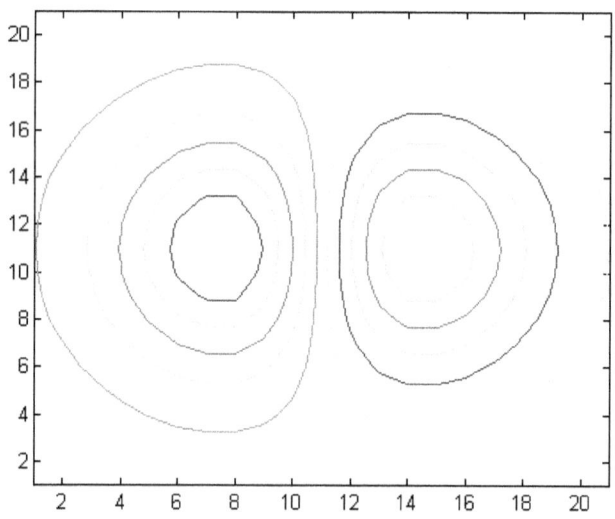

ANOTACIONES EN EL GRÁFICO

MATLAB tiene comandos para añadir informaciones en un gráfico de una manera sencilla:

- **Title:** Título del gráfico.
- **Xlabel:** Título del eje-X.
- **Ylabel:** Título del eje-Y.
- **Zlabel:** Título del eje-Z.
- **Text:** Insertar anotación en el gráfico.
- **Gtext:** Insertar anotación con el "mouse".
- **Grid:** Líneas de grado.

A continuación podemos ver un ejemplo:

>> fplot('sin', [-pi pi])

>> title('Gráfico de la función f(x)=seno(x), -pi<x<pi')

>> xlabel('x')

>> ylabel('f(x)')

>> grid

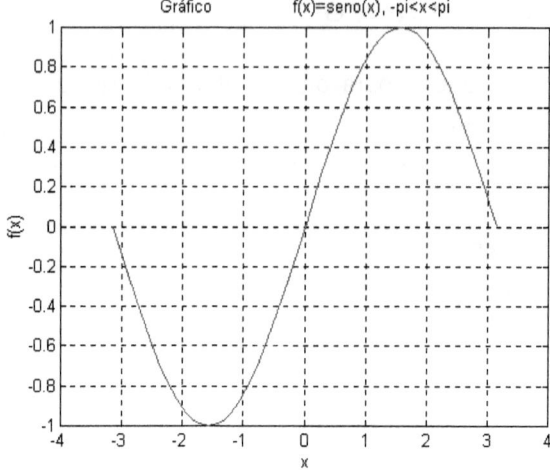

CONTROL DE FLUJO

Los comandos que controlan el flujo especifican el orden en que se realizará la computación. MATLAB estos comandos son semejantes a los usados en la lenguaje C, pero con una estructura diferente.

BUCLE FOR

El bucle for es el controlador de flujo más simple y más usado en la programación MATLAB. Si analizamos la siguiente expresión

>>for a=1:5,

$X(a)=a^2;$

end

Podemos advertir como el bucle for es dividido en tres partes:

- La primera parte (i=1) se realiza una vez, antes de que el bucle sea inicializada.

- La segunda parte es la prueba de la condición que controla el bucle, (i<=5). Esta condición es evaluada; si es verdadera, el cuerpo del bucle ($X(i)=i^2$) es ejecutado.

- La tercera parte sucede cuando la condición se evaluada como falsa y el bucle termina.

El comando end se usa como límite inferior del cuerpo del bucle.

```
for i=1:8
    for j=1:8,
        L(i,j)=i+j;
        M(i,j)=i-j;
    end
end
N=L+M;
```

BUCLE WHILE

En el bucle while la condición solo es probada. Por ejemplo en la expresión

c = l; d = 15;

```
while c<d,
    clc
    c = c+l
    d = d-l
    pause(l)
end
disp('fin del bucle')
```

La condición c<d es probada. Si esta fuera verdadera el cuerpo del bucle, será ejecutado. Después la condición es probada de nuevo, y si es verdadera el cuerpo será ejecutado nuevamente. Cuando la prueba devuelve falso el bucle finalizará, y la ejecución continuará en el comando que sigue al bucle después del end. Olvidarse de cambiar la condición dentro de un bucle while es una causa común de bucles infinitos.

DECLARACIONES IF Y BREAK

A continuación vamos a ver un ejemplo del uso de la declaración if en MATLAB.

for i = l:5,

    for j = l:5,

        if i = = j

            C(i,j) = 2;

        elseif abs(i-j) = = 1

            C(i,j) = -1;

        else

            C(i,j) = 0;

        end

    end

end

C

Los valores de i y j varían de 1 a 5, recorriendo toda la matriz C. Si (if) i es igual a j, A(i,j)=2, o si (elseif) el valor absoluto de i-j es igual a 1, A(i,j)=-1, o (else) A(i,j)=0, si ninguna de las condiciones anteriores fueron satisfechas.

El comando break permite una salida anticipada de un bucle for o while. Un comando break hace que el bucle más interno sea finalizado inmediatamente, como podemos ver a continuación en el siguiente ejemplo,

%modifica la matriz Z

clc

x = 's';

for i = l:5,

    if x = = 't',

        break

    end

j = l;

while j<=5,

    ['Z('num2str(i) ',' num2str(j)') = 'num2str(Z(i,j))]

    x = input('¿Desea continuar con la modificación? (t-sí, g-no, u-siguiente línea, k-salir) =>');

    if x = = 's',

```
        Z(i,j) = input('Introduzca el nuevo valor de Z(i,j) = = >');
        j=j+l;
        clc
end
if x = = 'g',
    j=j+l;
    clc
        end
        if x = = 'u',
            clc
            break
        end
        if x = = 'k',
            clc
            break
        end
    end
end
```

SENTENCIA IF

Una sentencia IF se puede utilizar para ejecutar código cuando la prueba lógica (expresión) devuelve un valor verdadero (cualquier cosa menos 0).

Una declaración de "else" seguida de una declaración "if" se ejecuta si la misma expresión es falsa (0). Sintaxis:

if expresion

sentencia

elseif expresion2

sentencia

end

SENTENCIA SWITCH

Las sentencias switch se utilizan para realizar uno de varios conjuntos de operaciones posibles, en función del valor de una sola variable. Estas están destinadas a sustituir al "if" anidado en función de la misma variable, ya que este puede llegar a ser muy engorroso.

La sintaxis es la siguiente:

switch variable

case valor1

sentencia(1)

```
case valor2
sentencia(2)
...
otherwise
setencias
end
```

El end sólo es necesario al final de todo el bloque switch, no después de cada caso. Si termina la sentencia switch y seguir con una declaración "case" obtendrá un error diciendo que el uso de la palabra "case" no es válido. Si esto sucede es probable que sea debido a que ha eliminado un bucle o una sentencia "if", o que se olvidó de borrar el "end" que iba con esta, por lo tanto dejando la sentencia con un excedente de "end"s.

De esta manera MATLAB piensa que usted terminó la instrucción switch antes de que de su debido tiempo.

La palabra clave "otherwise" ejecuta un cierto bloque de código (a menudo un mensaje de error) para cualquier valor de otra variable que los que se especifican en las declaraciones de "case".

Los programadores que están acostumbrados a los lenguajes del estilo de C, a menudo ponen "break" al final de las declaraciones de cada "case". En C, C ++, y Java, no poniendo una instrucción break permite que el código para falle en el código anterior, si el valor1 es cierto, entonces los setencia(1), sentencia(2), etc, se ejecutarán en los idiomas de estilo C. Sin embargo, en MATLAB sólo se ejecutará sentencia(1).

DECLARACIÓN TRY/CATCH

La declaración TRY/CATCH ejecuta un determinado bloque de código en el bloque "try". Si se produce un error o una advertencia, la ejecución de este código se termina y se ejecuta el código del bloque de "catch" en lugar de simplemente informar de un de error en la pantalla y terminar la ejecución de todo el programa. Esto es útil para la depuración y también para filtrar los errores de cálculo, como si intenta accidentalmente buscar la matriz inversa en una matriz singular, cuando usted no desea finalizar el programa en su totalidad.

Sintaxis:

try

sentencias

catch

sentencias

end

Tenga en cuenta que a diferencia de las otras sentencias de control, el bloque try/catch no se basa en ninguna condición. Por lo tanto el código en el bloque TRY siempre será, al menos, parcialmente ejecutado. No siempre será ejecutado todo el código del bloque try, ya que la ejecución del bloque TRY termina cuando se produce un error. Además, las declaraciones en el Bloque CATCH no se ejecutará si el bloque TRY no falla.

SENTENCIA FOR

La sentencia FOR ejecuta código un número específico de veces usando un iterador.

Sintaxis:

for iterator = valorInicial:incremento:valorFinal

sentencias

end

El iterador se inicializa con la variable valorInicial y se incrementa en la cantidad en incremento cada vez que pasa a través del bucle, hasta que alcanza el valor valorFinal. Si se omite incremento, se supone que es 1, como en el siguiente Código:

for ii = 1:3

statements

end

Esto ejecutar sentencias en tres ocasiones.

BREAK, CONTINUE, Y RETURN

MATLAB incluye las palabras clave "break" y "continue" para permitir el control más fuerte. La palabra clave "break" hace que el programa deje el bucle en el que se encuentra actualmente y continuará desde la siguiente línea después de la que termina el bucle, independientemente de la condiciones de control del bucle. Si el código está en un bucle anidado, este sólo se rompe desde el bucle, no desde todos ellos.

La sintaxis es simplemente escribir la palabra "break" en el bucle que desea que se rompa.

A diferencia de "break", "continue" hace que el programa vuelva de nuevo al principio del bucle en el que se encuentra actualmente, y para volver a comprobar la condición para ver si se debe continuar la ejecución del código del bucle o no. El código en el bucle después de la sentencia "continue" no se ejecuta en la misma pasada.

Si desea salir de una función completamente (en lugar de sólo un bucle) antes de la última línea de código, es posible hacerlo usando la palabra clave "return". El valor de las variables de salida se devuelve inmediatamente a la función de llamada. Veamos un ejemplo de cómo funciona esto, considere la siguiente función:

function output = controlTest(queHacer);

switch queHacer

case 1

salida = -1;

return;

case 2

salida = 3;

end

salida = salida + 4;

llamando

\>\> salida = controlTest(1)

Debería devolver salida = -1, porque la salida es definida en -1 y la sentencia return le dice a MATLAB que inmediatamente tome el valor de salida actual y lo pase de nuevo a la función de llamada. Sin embargo, la llamada

\>\> salida = controlTest (2)

devolerá la salida = 7, porque la salida es definida inicialmente como 3 y a continuación se añade a la misma 4. La declaración return sólo se ejecuta en el "case" queHacer = 1, no sea llamado y el resto de la función se ejecuta.

Recuerde que si las variables de salida no se definen antes de llamar a la sentencia return, obtendrá un error, por lo que utiliza esto con un cierto grado de cautela.

ERRORES COMUNES EN EL CONTROL DE FLUJO

El más común, con mucho, es si se le olvida los 'END', que es un problema en las funciones de los archivos-M. Le dirá que 'al fala un END' y tratará de decirle dónde comienza el bucle o la sentencia condicional.

Si tiene demasiadas declaraciones END y más de una función en un archivo-M, MATLAB puede darle un mensaje críptico acerca de no formatear las funciones correctamente. Esto es porque todas las funciones del mismo archivo-M deben finalizar con una instrucción END al final o no. No importa que, pero si tienes demasiadas declaraciones END en una de los funciones, MATLAB se cree que su función se termina pronto y se confundirán cuando la siguiente función no tiene una instrucción END al final de la misma. Así que si usted recibe este mensaje confuso, busque algún END adicional en sus declaraciones y trate de arreglar el problema. Si se muestra el mensaje de la hora de publicación. Trate de seleccionar todos y luego teclee CNTRL-i para el sangrado automático para solucionar el problema.

Teniendo un END extra en una sentencia 'switch' da un mensaje que utilizó la palabra clave "case" de manera ilegal, porque MATLAB piensa usted terminó la instrucción switch pronto, y "case" no tiene ningún significado fuera de una sentencia "switch".

LOS ARCHIVOS ".M"

Los comandos de MATLAB normalmente son introducidos en la Ventana de Comandos, donde se introduce una única línea de comando y esta es procesada inmediatamente. MATLAB también es capaz de ejecutar secuencias de comandos almacenadas en archivos.

Los archivos que contienen las declaraciones de MATLAB son llamados archivos ".m", y consisten en una secuencia de comandos normales de MATLAB, dando la posibilidad de incluir otros archivos ".m" escritos en el formato de texto (ASCII).

Para editar un archivo de texto en la Ventana de Comandos de MATLAB seleccione New M-File para crear un nuevo archivo u Open M-File para editar un archivo ya existente, a partir del menu File. Los archivos también pueden ser editados fuera del MATLAB utilizando cualquier editor de texto.

Los archivos-M son de dos tipos:

- Scripts

- Funciones

Los scripts son un tipo de archivo-m que se ejecuta en el espacio de trabajo actual. Así que si usted llama a un script desde la línea de comandos el script va a usar y manipular las variables del espacio de trabajo base. Esto puede ser muy complicado y puede provocar todo tipo de errores extraños cuando están involucrados bucles y el codificador es lento a la hora de nombrar a sus variables de bucle, es decir, para i = 1:10, si cada bucle utiliza i, j o k entonces es probable que cualquier secuencia de comandos se pueda llamar desde un bucle podrá alterar la variable del bucle.

Las funciones están totalmente cerradas en sí mismas. Poseen sus propios espacios de trabajo de mantenimiento y sus espacios de trabajo separados. Esto significa que todas las variables necesarias para una función particular, se deben pasar o se deben definir de alguna manera. Esto se puede conseguir de una forma tediosa mediante algoritmos complejos que requieren de una gran cantidad de variables. Sin embargo, cualquier manipulación de las variables es descartada cuando se sale de la función. Sólo los argumentos de salida proporcionados por la función están disponibles para almacenarse en el espacio de trabajo. Esto significa que los bucles pueden utilizar i, j, k, o todo lo que quieran porque el espacio de trabajo de la función y el espacio de trabajo de las llamadas no se mezclan.

Cualquier instrucción válida en la línea de comandos es válida en cualquier archivo-m, siempre y cuando las variables necesarias estén presentes en el archivo-m operativo en el espacio de trabajo.

Debe utilizar las funciones adecuadamente ya que debido a cualquier cambio pueden verse afectados los algoritmos y las herramientas de trazado o dibujo. Esto permite la automatización de las tareas repetitivas.

Terminar el archivo-M con "end" es opcional; sin embargo, si lo hace, esto puede conllevarle algunas complicaciones si tiene condicionales o bucles en el código, o si está planificando sobre el uso de múltiples funciones en el mismo archivo o usar funciones anidadas.

Existen algunos comandos y declaraciones especiales que pueden ser usadas en los archivos, por ejemplo

%Parcela una función y=ax^2 + bx + c no intervalo -5<x<5

clear

aux='s';

while aux= = 's',

    clc

    a=input('a =');

    b=input('b =');

    c=input('c =');

    x=-5:0.1:5;

    y=a*x.^2+b*x+c;

    plot(y)

    figure(1)

    pause

    clc

    close

    aux=input('¿ Desea parcelar otro? (s/n) = => ','s');

end

El carácter % se usa para insertar un comentario en el texto, el comando clear limpia todos los datos de la memoria, el comando input se usa cuando se desea introducir un dato usando la Ventana de Comandos, pause provoca una pausa en la ejecución del archivo hasta que cualquier tecla sea pulsada, clc limpia la Ventana de Comandos, figure(1) muestra la Ventana Gráfica número 1 y close cierra todas las Ventanas Gráficas.

ALMACENAMIENTO DE ARCHIVOS

Hay muchas maneras de guardar los archivos en MATLAB. El comando Save se utiliza para guardar los datos del espacio de trabajo en un archivo. A continuación vamos a ver las diferentes formas de guardar archivos:

- Save - guarda los datos en ficheros, *.mat por defecto
- uisave - incluye la interfaz de usuario
- hgsave - guarda figuras en ficheros, *.fig por defecto
- Diary [nombre de archivo] - guarda todas las entradas de texto de la ventana de comandos en un archivo de texto.

Todos ellos utilizan la sintaxis:

save filename.ext

o similar para las otras funciones. Los archivos se guardan en el directorio actual, como se ve en la parte superior de la ventana. Por defecto, el directorio actual es .../MATLAB/work.

Veamos varios ejemplos de uso del comando Save:

- Guarde todos los datos del área de trabajo al archivo miGuardado.mat en el directorio actual.

\>\> Save ('miGuardado.mat')

\>\> Save (fullfile (pwd, 'miGuardado.mat'))

- Guarde sólo las variables misdatos1 y misdatos2 en miGuardado.mat.

>> Save ('miGuardado.mat', 'misdatos1', 'misdatos2')

- Guarde todas las variables misdatos en miGuardado.mat.

>> Save ('miGuardado.mat', 'misdatos *')

- Guarde todas las variables misdatos en un archivo miGuardado.mat compatible con la versión 6 de MATLAB.

>> Save ('miGuardado.mat', 'misdatos *', '-v6')

- Guarde todas las variables misdatos en un archivo ASCII.

>> Save ('miGuardado.txt', 'misdatos *', '-ascii')

- Anexar nuevas variables en el archivo de datos.

>> Save ('miGuardado.mat', 'newData *', '-append')

CARGAR ARCHIVOS

El comando load se utiliza para cargar los datos de un archivo en el espacio de trabajo actual.

Del mismo modo, hay muchas maneras de cargar los archivos del espacio de trabajo.

Una forma es utilizar el menú "File". Para abrir un archivo .m haga clic en "open", mientras que para importar datos desde un archivo de datos, seleccione "import data ..." y siga las instrucciones del asistente.

También puede usar la forma alternativa de cargar un archivo.mat guardado escribiendo:

>> load filename.ext

El archivo debe estar en un directorio reconocido, normalmente el directorio actual, pero también puede ser un directorio con una ruta ya establecida. Los datos en el archivo .mat están almacenados con el mismo nombre que la variable que tenía originalmente cuando se guardó. Para obtener el nombre de esta y de todas las demás variables de entorno, tipo "who".

Para abrir un archivo .m, puede utilizar File -> Open, o teclear:

>> open filename.ext

Veamos varios ejemplos de uso del comando load:

- Carga todas las variables del archivo miGuardado.mat en el espacio de trabajo actual.

>> Load ('miGuardado.mat')

>> Load (fullfile (pwd, 'miGuardado.mat'))

- Carga sólo las variables misdatos1 y misdatos2.
>> Load ('miGuardado.mat', 'misdatos1', 'misdatos2')

- Carga todas las variables misdatos.
>> Load ('miGuardado.mat', 'misdatos *')

- Obtener un conjunto de variables de un archivo guardado.
>> whos ('- file', 'miGuardado.mat')

RESTRICCIONES DE NOMENCLATURA DE ARCHIVOS

Usted puede nombrar a los archivos lo que quieras (por lo general más simple es mejor, aunque), con algunas excepciones:

- MATLAB mantiene para Windows el formato de nombres que están establecidos por el DOS. Los siguientes caracteres no se pueden usar en los nombres de archivo: "/: * <> |?

- Usted no está autorizado a utilizar el nombre de una palabra reservada como nombre de un archivo. Por ejemplo, while.m no es un nombre válido de archivo porque while es una de las palabras reservadas de MATLAB.

- Cuando se declara una función en un archivo-m, el archivo-m debe tener el mismo nombre que la función o MATLAB no será capaz de ejecutarlo. Por ejemplo, si se declara una función llamada 'factorial': function Y = factorial(X). Debe guardarlo como "factorial.m" si desea poder usarlo. MATLAB lo nombrará por usted si lo guarda después de escribir la declaración de la función, pero si cambiar el nombre de la función, deberá cambiar el nombre del archivo manualmente, y viceversa.

PATH

Con el fin de poder invocar una función de un archivo-m, el archivo-m debe estar en la ruta actual. Hay una ruta predeterminada que puede ser configurada a través del menú File o el comando addpath. El objetivo de la ruta es importante en MATLAB ya que este busca en la ruta en orden y deja de buscar después de encontrar la primera instancia del nombre de archivo-m que busca.

La ruta actual es:

- el directorio actual (que se puede ver en la parte superior de la ventana de MATLAB o escribiendo pwd en la línea de comandos.

- la ruta predeterminada.

Tenga en cuenta que MATLAB siempre buscará en el directorio actual antes de buscar en cualquier parte del resto de la ruta.

nargin y nargout

Los comandos nargin y nargout son sólo válidos dentro de las funciones desde el momento que un script no pasa argumentos. El comando nargin devuelve el número de argumentos de entrada que se han pasado. Esto es útil en conjunción con nargchk

nargchk (min, max, nargin)

donde min es el número mínimo de argumentos necesarios para la función operate y max es el número máximo de argumentos de entrada válidos.

El comando nargout es útil para determinar qué argumentos de salida se van a devolver. Por lo general, las salidas son el resultado final de algún algoritmo y se calculan fácilmente. Sin embargo, en algunos casos los argumentos de salida secundarios pueden requerir de más tiempo para calcular o requierir más argumentos de entrada. Así que la función puede comprobar el número de argumentos de salida que se solicita a través del comando nargout. Si la llamada no guarda los argumentos de salida secundarios entonces no necesita ser calculado.

varargin y varargout

Cuando usa los objetos y las funciones de MATLAB, estas, a menudo, permiten al usuario establecer las propiedades. Las funciones y los objetos vienen con valores predeterminados para estas propiedades, pero el usuario tiene permiso para modificar temporalmente estos valores predeterminados. Esto se logra mediante el uso de varargin. varargin es un conjunto de celdas que normalmente se analiza donde varargin {i} es una propiedad y varargin {i +1} es el valor que el usuario desea para esa propiedad. El análisis se realiza con un bucle for o while y una sentencia swicth.

function [out] = myFunc(in, varargin)

La opción del argumento de salida varargout permite un número variable de argumentos de salida tal como varargin permite un número variable de argumentos de entrada.

```
function [s,varargout] = mysize(x)

nout = max(nargout,1)-1;

s = size(x);

for k=1:nout, varargout(k) = {s(k)}; end
```

OPERACIONES CON EL DISCO

Los comandos load y save son usados, respectivamente, para importar datos del disco (rígido o flexible) hacia el área de trabajo de MATLAB y exportar datos del área de trabajo hacia el disco. También se pueden realizar otras operaciones con el disco, como ejecutar programas externos, modificar el directorio de trabajo, listar el directorio, etc...

MANIPULACIÓN DEL DISCO

Los comandos cd, dir, delete, type y what de MATLAB se usan de la misma manera que los comandos similares del sistema operativo.

- **Cd:** modifica el directorio de trabajo actual
- **Dir:** lista el contenido del directorio actual
- **Delete:** Elimina el archivo
- **Type**: muestra el contenido del archivo de texto
- **What:** Lista de archivos ".m", ".mat" y ".mex".

EJECUTANDO PROGRAMAS EXTERNOS

El carácter punto de exclamación, !, es un desvío que nos indica que el resto de la línea será un comando que será ejecutado por el sistema operativo. Este procedimiento viene siendo históricamente utilizado en todos las versiones de MATLAB como "prompt" para indicar la ejecución de un comando del DOS, siendo muy útil en las versiones que usaban solamente el DOS. En el entorno Windows, este comando no es necesario, pero fue mantenido en las versiones del MATLAB para Windows.

Para entrar con el carácter de desvío en el "prompt" de MATLAB, se debe colocar en el Inicio del comando del DOS o Windows que se desea ejecutar. Por ejemplo, para cargar una aplicación como el programa Notepad del Windows, sin salir de MATLAB, deberá introducir el siguiente comando

>> ! Notepad

Entonces se abre una nueva ventana, el Notepad es cargado, pudiendo ser utilizado de la manera usual. Se puede usar, también, cualquier comando implícito del DOS, por ejemplo: copy, fomat, ren, mkdjr, rmdir, ...

IMPORTANDO Y EXPORTANDO DATOS

Los datos contenidos en el Área de Trabajo del MATLAB se pueden almacenar en archivos, en el formato de texto o binario, utilizando el comando save. Existen diversas maneras de utilizar este comando. Por ejemplo. Para almacenar las variables X, Y y Z se puede hacer lo siguiente:

- **save**: guarda los datos en el archivos binario "matlab.mat".
- **save X**: guarda la matriz X en el archivo binario "x.mat".
- **save arql X Y Z**: guarda las matrices X, Y y Z en el archivo binario "arq1.mat".

- **save arq2.sai X Y Z –ascii:** guarda las matrices X., Y y Z en el archivo de texto "arq2.sai" con 8 dígitos.
- **Save arq3.sai X Y Z -ascii –double:** guarda las matrices X., Y y Z en el archivo de texto "arq3.sai" con 16 dígitos.

Los datos obtenidos por otros programas pueden ser importados por el MATLAB, desde que estos datos son grabados en disco en el formato apropiado. Si los datos son almacenados en el formato ASCII, y en el caso de las matrices, con columnas separadas por espacios y cada línea de la matriz en una línea del texto, se puede usar el comando load. Por ejemplo suponga que un programa en lenguaje C, después de ejecutado, carga el archivo "prueba.sai" que contienen una matriz.

1.0000   2.0000   3.0000

4.0000   5.0000   6.0000

7.0000   8.0000   9.0000

Al ejecutar el comando:

\>\> load prueba.sai

MATLAB importa la matriz, que se pasa a llamar prueba:

>> prueba

prueba =

1	2	3
4	5	6
7	8	9

Obviamente, MATLAB también puede importar (a través del comando load) los datos que fueron anteriormente exportados por este. Por ejemplo, para importar las variables X, Y y Z, exportadas anteriormente usando el comando save, se puede hacer lo siguiente:

- **save:** load

- save X: load x

- save arq1 X Y Z: load arq1

- save arq2.sai X Y Z –ascii: load arq2.sai

- save arq3.sai X Y Z -ascii –double: load arq3.sai

Se debe resaltar que el comando save, cuando es usado para exportar los datos del MATLAB en formato de texto, solamente exporta un bloque conteniendo todas las variables. Y cuando importamos estos comandos a través del comando load, solamente es importada una variable con nombre del archivo, como por ejemplo

>> X=rand(3,3)

X =

0.2190 0.6793 0.5194

0.0470 0.9347 0.8310

0.6789 0.3835 0.0346

>> Y = rand(3,3)

Y =

0.0535 0.0077 0.4175

0.5297 0.3835 0.6868

0.6711 0.0668 0.5890

>> save arq2.sai X Y -ascii

>> clear

>> load arq2.sai

>> arq2

arq2 =

0.2190 0.6793 0.5194

0.0470 0.9347 0.8310

0.6789 0.3835 0.0346

0.0535 0.0077 0.4175

0.5297 0.3834 0.6868

0.6711 0.0668 0.5890

LAS CAJAS DE HERRAMIENTAS

INTRODUCCIÓN AL SYMBOLIC MATH TOOLBOX

La caja de herramientas simbólica es un poco difícil de usar, pero es de gran utilidad en aplicaciones en las que las expresiones simbólicas son necesarias por razones de exactitud y precisión en los cálculos. La caja de herramientas simplemente llama al núcleo MAPLE con expresiones simbólicas que han sido declaradas, a continuación, devuelve una expresión (generalmente simbólica) de nuevo a MATLAB. Es importante recordar que MAPLE no es un motor numérico, lo que significa no puede realizar ciertas cosas MATLAB si puede hacer. Más bien, es útil como un suplemento para proporcionar funciones de MATLAB que, como motor numérico, tiene dificultad en realizar.

La caja de herramientas de matemáticas simbólica requiere de algún tiempo para inicializarse, por lo que si no pasa nada durante unos segundos después de declarar la primera variable simbólica de la sesión, no significa que ya haya realizado algún paso mal, simplemente que es un proceso pesado.

La versión para estudiantes de MATLAB viene con una copia de la caja de herramientas matemáticas simbólica.

VARIABLES SIMBÓLICAS

Puede declarar una variable simbólica mediante la función 'sym' de la siguiente manera.

\>\> A = sym ('a1')

a = a1

Puede crear conjuntos de expresiones simbólicas de la siguiente manera:

\>\> A1 = sym ('a1');

\>\> A2 = sym ('a2');

\>\> A = [a1, a2]

a = [a1, a2]

Las variables simbólicas también pueden declarar muchas a su vez utilizando la función "syms". De forma predeterminada, las variables simbólicas creadas tienen los mismos nombres que los argumentos de la función 'syms'. El siguiente ejemplo crea tres variables simbólicas, ab y c.

\>\> Syms abc

\>\> a

a = a

NÚMEROS SIMBÓLICOS

Los números simbólicos permitirán representaciones exactas de fracciones, están destinados a ayudar a evitar el redondeo de errores y representación de errores. Esta sección ayuda a explicar cómo declararlos.

Si intenta agregar un número en una matriz simbólica este será automáticamente convertido en un número simbólico.

>> syms a1, a2;

>> a = [a1, a2];

>> a(3) = 1; %nomalmente sería la clase 'double'

>> class(a(3))

ans = sym

Los números simbólicos también se pueden declarar utilizando la sintaxis a(3) = sym("número"). La diferencia entre los números simbólicos y los números normales de MATLAB es que, si es posible, MAPLE mantendrá el número simbólico como una fracción, que es una representación exacta de la respuesta. Por ejemplo, para representar el número 0.5 como una fracción, puede utilizar:

>> Sym (0,5)

ans = 1/2

Aquí, por supuesto, MATLAB normalmente devolverá 0.5. Para hacer esto MATLAB cambia esta de nuevo a un "double", escriba:

>> Double (ans)

ans = 0.5000

Otras conversiones de clase también son posibles; por ejemplo, para convertirla en una cadena deberá usar la función 'char'. No hay ninguna función que cambie directamente a una variable simbólica con un controlador de función.

Una advertencia: Hacer una variable simbólica de exponenciales negativos puede crear problemas si no utiliza la correcta sintaxis. No se puede hacer esto:

\>> Sym ('2^-5')

??? Error usando ==> sym.sym> char2sym

No es una expresión simbólica válida.

En su lugar, usted debe hacer esto:

\>> Sym ('2 ^ (- 5)')

ans = 2 ^ (- 5)

MAPLE es por lo tanto más exigente con los operadores que puede utilizar que MATLAB.

FUNCIONES SIMBÓLICAS

Puede crear funciones de variables simbólicas, no sólo las propias variables. Esta es probablemente la manera de hacerlo más intuitiva:

\>> Syms a b c % declarar variables

\>> F = a + b + c

ans = a + b + c

Si lo haces de esta manera, posteriormente podrá realizar sustituciones, diferenciaciones, y así sucesivamente con respecto a cualquiera de estas variables.

Sustituyendo valores en variables simbólicas

Las sustituciones se pueden llevar a cabo en las funciones de las variables simbólicas.

Supongamos que ha definido la función f = a + b + c y desea sustituirla por a = 3 en f. Usted puede hacer esto con la siguiente sintaxis:

\>> syms a b c %declaración de variables

\>> f = a + b + c;

\>> subs(f, a, 3)

ans = 3+b+c

Observe la forma de esta llamar a esta función. El primer argumento es el nombre de la función que desea sustituir. El segundo argumento puede ser el nombre de la variable simbólica que desea sustituir en favor o por el valor actual, pero si quieres evitar la confusión que deberían ser la misma de todos modos. El tercer argumento es el valor que desea conectar para que variable.

El valor que está conectando no tiene por qué ser un número. También puede conectar con otras variables (incluidas las ya presente en la función) mediante el uso de cadenas. Usando el mismo f:

>> Subs (f, a, 'x')

ans = x + b + c

>> Subs (f, a, 'b')

ans = 2 * b + c

Si x ya es una variable simbólica se puede omitir las comillas, pero si no, obtendrá un error de variable no definida:

>> Syms x

>> Subs (f, a, x)

ans = x + b + c

Las sustituciones múltiples están permitidas; para hacerlo, sólo deberá declarar cada una de ellas como una matriz. Por ejemplo, para conectar a 1 con "a" y 2 con "b":

>> subs(f, [a,b], [1,2])

ans = 3+c

Por último, si se sustituyen todos los valores simbólicos en MATLAB la función cambia automáticamente el valor de nuevo en una double, así ya puede manipular el espacio de trabajo de MATLAB.

>> subs(f, [a,b,c], [1,2,3])

ans = 6

>> class(ans)

ans = doublé

MANIPULACIONES DE FUNCIONES ALGEBRAICAS

La caja de herramientas matemáticas simbólica le permite manipular las funciones de varias maneras. En primer lugar se puede factorizar una función con 'Factor' y se multiplica utilizando 'expand':

>> syms a b

>> f = a^2 - 2*a*b + b^2;

>> factor(f);

ans = (a - b)^2

>> expand(ans)

ans = a^2 - 2*a*b + b^2

La función de "collect" hace lo mismo que la función de 'expand', pero sólo afecta a los términos del polinomio. 'Expand' también puede utilizarse para ampliar las funciones trigonométricas y logarítmicas/exponenciales con las identidades apropiadas.

La representación de Horner (anidada) para una función viene dada por Horner():

\>> horner(f)

ans = b^2+(-2*b+a)*a

Esta representación tiene un número relativamente bajo de operaciones requeridas para su evaluación en comparación con la versión expandida y, por tanto, es útil para hacer cálculos más eficientes.

Un problema común con los cálculos simbólicos es que la respuesta devuelta a menudo no se encuentra en su forma más simple.

Función de MATLAB "simple" llevará a cabo todas las posibles manipulaciones de funciones y luego devolverá la que sea más corta. Para ello haga algo como:

\>> Y = simple (f)

Y = (a-b)^2

ECUACIONES ALGEBRAICAS

La caja de herramientas matemáticas simbólica es capaz de resolver una expresión algebraica para cualquier variable, siempre que sea matemáticamente posible hacerlo. También puede resolver ambas ecuaciones individuales y sistemas algebraicos.

RESOLVER ECUACIONES ALGEBRAICAS CON UNA SOLA VARIABLE

MATLAB utiliza la función de "solve" para resolver una ecuación algebraica. La sintaxis es solve (f, var) donde f es la función que desea resolver y var es la variable a despejar. Si f es una función de una sola variable obtendrá un número, mientras que si se trata de múltiples variables obtendrá una expresión simbólica.

En primer lugar, digamos que queremos resolver la ecuación cuadrada $x^2 = 16$ para x. Las soluciones son $x = -4$ y $x = 4$. Para hacer esto, usted puede poner la función en "solve" directamente, o puede definir una función en términos de x para resolver y pasar a la función de "solve". El primer método es bastante intuitivo:

>> solve('x^2 = 16', x)

ans = -4

4

>> solve(x^2 - 16, x)

ans = -4

4

Cualquiera de estos dos códigos. El primero debe estar entre comillas o usted obtendrá un error "asignación no válida". En el segundo, x debe ser definida como una variable simbólica de antemano o se producirá un error "variable no definida".

Para el segundo método deberá asignar una variable dummy para la ecuación que desea resolver, puede hacerlo de esta manera:

\>> syms x

\>> y = x^2 - 16;

\>> solve(y, x);

Tenga en cuenta que MATLAB asume que y = 0 cuando se está resolviendo la ecuación, debe restar 16 desde ambos lados para poner la ecuación en forma normal.

RESOLVER FUNCIONES SIMBÓLICAS PARA VARIABLES PARTICULARES

El formato para hacerlo es similar a la de la solución de una sola variable, pero usted obtendrá como salida una función simbólica en lugar de un número. Sin embargo, hay un par de cosas a tener en cuenta.

Como por ejemplo, suponga que desea resolver la ecuación y = 2x + 4 para x. La solución esperada es x = (y-4) / 2.

Vamos a ver cómo podemos hacer esto en MATLAB. Primero echemos un vistazo a cómo no hacerlo:

\>> syms x

\>\> y = 2*x + 4;

\>\> solve(y, x)

ans = -2

¿Qué ha pasado aquí? La caja de herramientas de MATLAB supone que la 'y' que declaraste es 0 para el propósito de solucionar la ecuación, por lo tanto, resuelve la ecuación 2x + 4 = 0 para x. Con el propósito de hacer lo que se proponía hacer lo que tiene que hacer es poner su ecuación original, y = 2x + 4, en forma normal, que es 2x + 4 - y = 0. Una vez hecho esto, es necesario asignar una variable "ficticia" de esta manera:

\>\> Syms xy

\>\> S = 2 * x + 4 - y; % S es la variable ficticia

\>\> solve (S, x)

ans = -2 + 1/2 * y

Esto es, por supuesto, lo mismo que esperábamos. También simplemente puede pasar la función a la función "solve", como se hace con las funciones de una sola variable:

\>\> solve('y = 2*x + 4', x);

El primer método es preferible, porque una vez que se establece es mucho más flexible a los posibles cambios que se puedan realizar en la función. En el segundo método se tendría que cambiar cada llamada a 'solve' si ha cambiado algo de la función, mientras que en el primer sólo tiene que cambiar la definición original de S.

DEPURANDO EL CÓDIGO DE MATLAB

Usar la herramienta de depuración le permitirá detener su programa a mediados de la ejecución para examinar el contenido de las variables y otras cosas que le pueden ayudar a encontrar errores en su programa.

Los archivos-M del programa se detuvieron en "puntos de interrupción". Para crear un punto de interrupción, sólo tiene que pulsar F12 y aparecerá un punto rojo junto a la línea donde se encuentra el cursor. También puede hacer clic en el guión junto al número de línea en el lado izquierdo de la Ventana del archivo-M para lograr el mismo resultado.

A continuación, presione F5 o Debug-> Run en el menú para ejecutar el programa. Se detendrá en el punto de interrupción con una flecha verde junto a la siguiente línea. A continuación, puede examinar el contenido de las variables en el espacio de trabajo, pausar, continuar o detener su programa usando el menú Depurar. Para examinar el contenido de una variable, simplemente escriba su nombre en el espacio de trabajo, pero tenga cuidado con: sólo se puede mirar a los valores de las variables de los archivos que has parado, así que esto significa que es probable que necesites de múltiples puntos de ruptura para encontrar el origen del problema.

Hay varias maneras diferentes para poder desplazarse por el programa desde un punto de interrupción. Una forma es ir a través de la todo el programa, línea por línea, entrando en cada función que se llama. Esto es efectivo si usted no sabe dónde está el problema, pero ya que entra en todas las funciones, es posible que no desee utilizarlo todo el tiempo. Afortunadamente, también hay un camino más simple a través de los archivos que se han detenido, línea a línea cada vez, y en vez de ir a través de las funciones hijo línea por línea de MATLAB simplemente da los resultados de esas funciones.

Por último, tenga en cuenta que no se puede establecer un punto de interrupción hasta que guarde el archivo-M. Si cambia algo, debe guardar antes de que los puntos de interrupción "notice" los cambie. Esta situación se representa en MATLAB cambiando los puntos de rojo a gris. A veces, usted guardará pero los puntos todavía serán gris; esto ocurre cuando usted tiene más de un punto de interrupción en varios archivos. Para evitar esto, que es realmente molesto, usted tiene que seguir yendo a "salir del modo de depuración" hasta que se vuelve gris. Una vez que esté completamente fuera del modo de depuración, guarde el archivo y usted estará listo para comenzar otra ronda de depuración.

USAR COMENTARIOS PARA DEPURAR EL CÓDIGO

Si quieres probar los efectos de dejar de lado ciertas líneas de código (ver, por ejemplo, si el programa sigue devolviendo Inf si se llevan a cabo ciertas acciones), puede comentar el código. Para ello, resáltelo y luego escriba:

Text -> Comment

O presione CTRL + R.

Esto simplemente va a poner un '%' delante de cada línea; si la línea ya está comentada no pondrá otro '%' por lo que en cuanto a estos, el patrón de líneas de comentarios no cambiará cuando se descomenta. Las líneas comentadas voluntariamente serán ignoradas por el compilador, por lo que el efecto será que el programa se ejecutará sin las líneas comentadas.

Para descomentar vaya a la línea y escriba:

Text -> Uncomment

O presione CTRL + T.

Otro uso de los comentarios es para probar la diferencia entre dos diferentes conjuntos posibles de código para hacer algo, por ejemplo, es posible que desee probar el efecto de utilizar ODE113 en vez de ODE45 para resolver una ecuación diferencial, por lo usted tendría una línea llamando a cada uno. Usted puede probar la diferencia comentando un out y ejecutar el programa, a continuación, descomenta el out y comenta el otro out, y llamar de nuevo al programa.

EVITAR BUCLES INFINITOS

Si su programa no hace nada durante mucho tiempo, simplemente puede ser que el programa sea lento, ya que MATLAB consume muchos recursos y si no utiliza bien los arrays provocará que el programa vaya muy pero muy lenta, pero si usted está probando un pequeño módulo, es muy probable que usted tenga un bucle infinito.

Aunque MATLAB no puede decirle directamente a usted que tiene un bucle infinito, no intenta darle ningún consejo. El primero que tiene que hacer es finalizar el programa. Para ello, pulse CTRL + C y MATLAB le dará un mensaje que le dice exactamente en qué línea se detuvo. Si el programa se está ejecutando desde hace mucho tiempo, es que probable que la línea se detuviera en medio de un bucle infinito.

En los casos en los que MATLAB ni siquiera puede volver a la ventana principal, pulse CTRL-C. En este caso, probablemente tendrá que matar todo el proceso de MATLAB. Después de esto, agregue una "pausa (0.001)" o un valor pequeño similar en elbucle que sospecha que pueda llevar al infinito. Siempre que MATLAB pasa esta instrucción podrá interactuar con MATLAB durante un, muy breve, periodo de tiempo, por ejemplo, vaya a la ventana principal y pulse CTRL-C con MATLAB para habilitarlo para que responda a sus órdenes.

INTRODUCCIÓN AL ENTORNO GRÁFICO DE MATLAB

Matlab tiene una herramienta que permite construir interfaces gráficas para interactuar con el usuario. La utilidad de interfaz gráfica de usuario son interfaces amigables para el usuario y durante el proyecto es práctico. Para construir una interfaz gráfica debe tener una idea muy clara de lo que quiere.

He aquí algunos ejemplos:

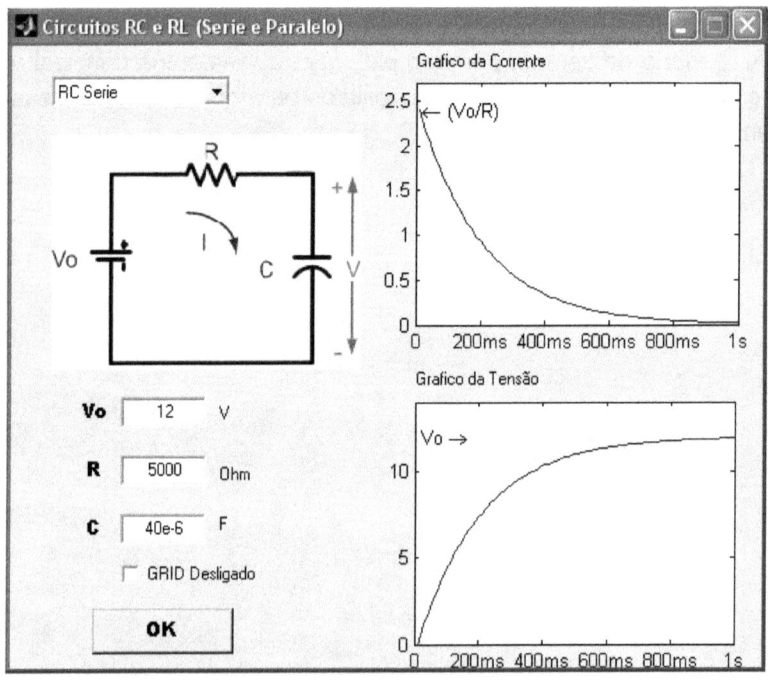

CREANDO UNA GUI

Al principio, tenemos que presentar el espacio de Matlab destinado la construcción de una interfaz gráfica de usuario, es decir, una GUI. Se accede desde el menu *new gui*.

Haga clic en OK para abrir un usuario en blanco para crear la interfaz gráfica de usuario, o escriba "guide" en la ventana de comandos del Matlab.

Con el usuario puede hacer un diseño de su programa usando las herramientas a la derecha de la ventana del usuario.

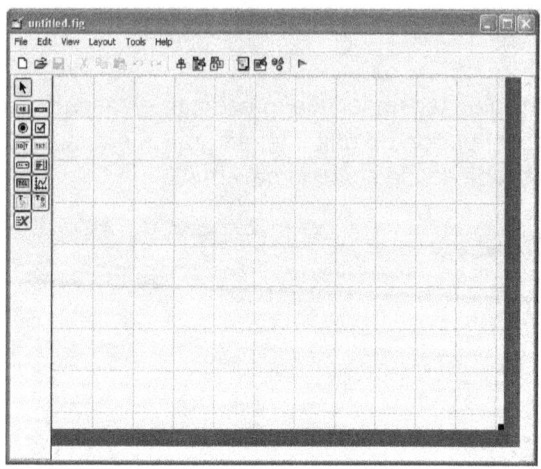

La barra de construcción le da al usuario el material necesario para construir el front-end, o la cara de la interfaz gráfica.

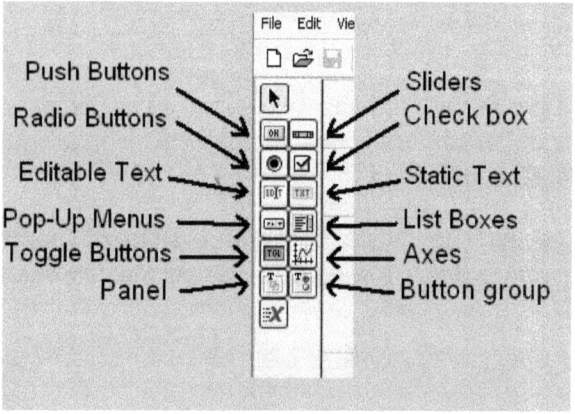

HERRAMIENTAS DEL PROGRAMA

A continuación veremos algunas herramientas que se utilizarán en las interfaces gráficas;

EDIT TEXT

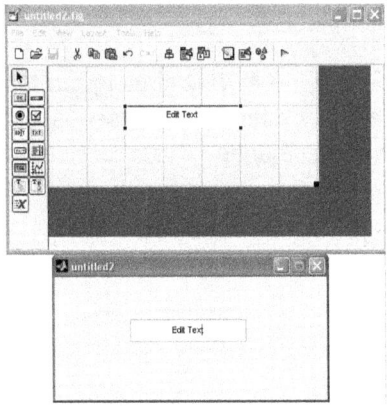

El *Edit text* se utiliza para la entrada de datos en la interfaz gráfica de usuario, donde pueden ser almacenados en una variable.

POP-UP-MENU Y LIST BOX

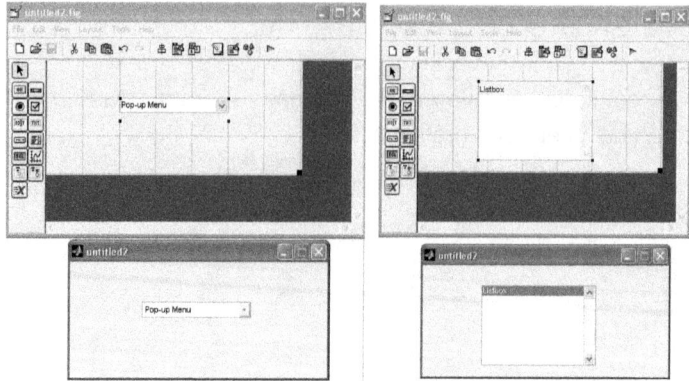

El *Pop-up-menu* y la *List box* sirven para tomar muestras de datos, a pesar de ser muy diferentes las series de comandos para usarlos son muy similares. Siendo la lista la columna de una matriz creada por el usuario.

PUSH BUTTON

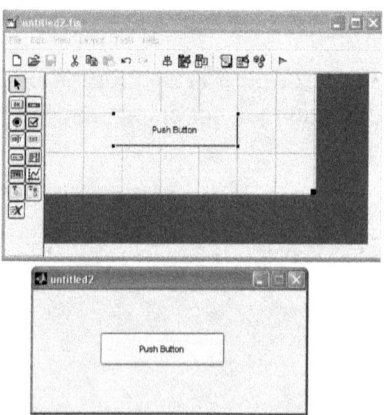

El *botón Push* es un botón donde su acción se determina de acuerdo a la necesidad del usuario, dónde al hacer clic se producirá una la acción del programa.

TOGGLE BUTTON

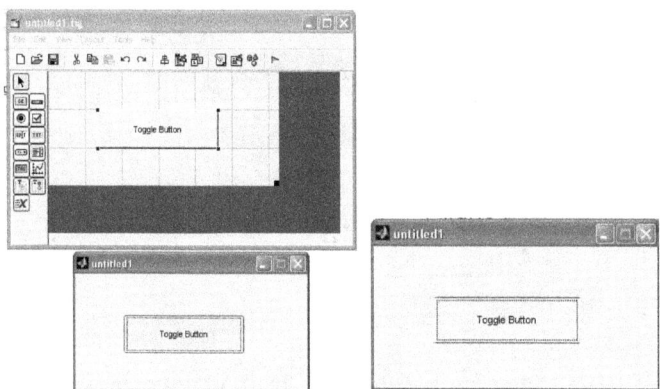

El botón Toggle es un botón que puede realizar dos funciones, una cuando está habilitada y outra cuando está desactivada. Este tiene su valor igual a 1 cuando está activado y 0 cuando está desactivado.

Por ejemplo:

if x==1

grid on

else x==0

grid off

end

RADIO BUTTONS

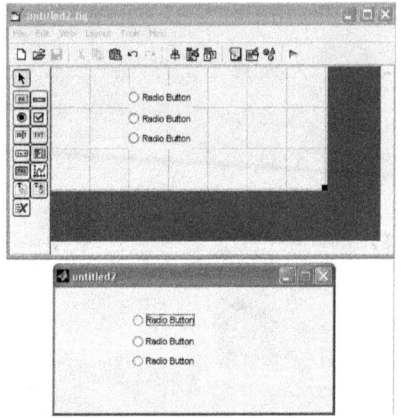

El *radio button* se utiliza com um marcador, donde su valor también varia de cero a uno. Cuando está selecionado el valor es igual a 1, y cuando no está selecionado su valor es 0, funciona de manera similiar al bolón *Toggle*.

SLIDER

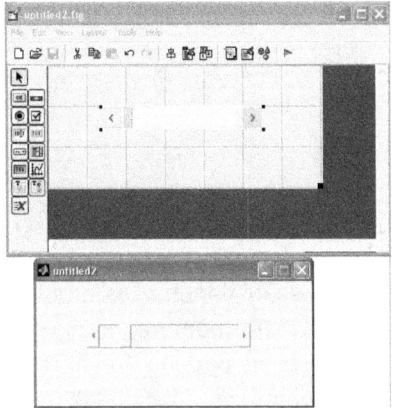

El *Slider* funciona como un controlador, donde sus valores pueden variar de acuerdo com la necesidad del programador. El programador puede escoger el intervalo que este puede variar.

TEXT

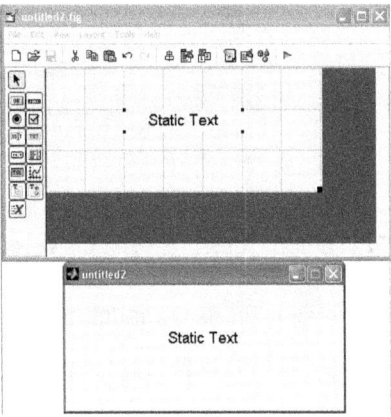

El *Text* sirve para presentar datos y textos producidos por el usuario, también es posible insertar en una variable lo que está escrito en el.

PROPIEDADES (PROPERTY INSPECTOR)

Todos los elementos Gui tienen tales propiedades tales como tamaño, color, posición, etiqueta (nombre), estilo (tipo de elemento), fuente, tamaño de la fuente, la cadena (nombre de visualización), devolución de llamadas (botón de funciones), entre otros. De los cuales estos son los principales.

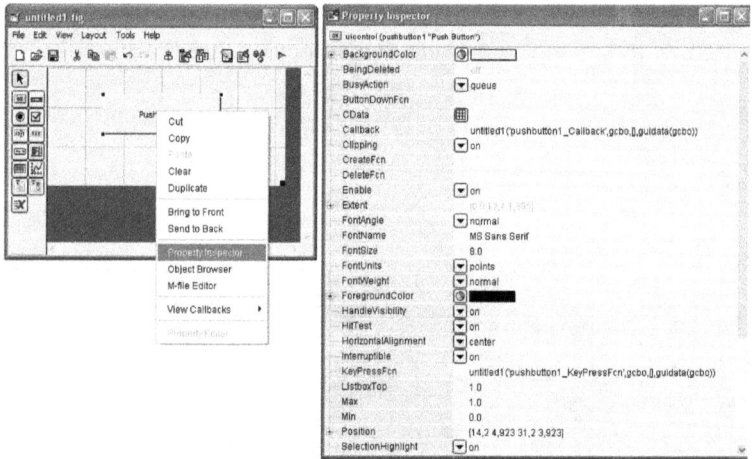

- **Callback** → La devolución de llamada es lo que llamamos la función de un botón, que realiza una acción cuando es seleccionado. Podemos dirigir la acción del botón modificando la devolución de llamada de su propiedad.

- **Enable** → Es como un (on/off) para las herramientas.

- **Style** → Es el estilo de la herramienta, habla sobre si es un botón push, edit text, el pop-up-menu, slider, etc ...

- **String** → Es el texto que aparece en la interfaz de la herramienta.

- **Tag** → Es exactamente el nombre de la herramienta, y cómo nos referiremos a esta para programarlo.

- **Max** → El valor máximo que la herramienta puede tener, muy útil para la programación de *control deslizante*.

- **Min** → El valor mínimo que la herramienta puede tener, también muy útil para la programación de *control deslizante*.

- **Position** → Es la posición donde la herramienta está [Xmin, Ymin, Xmax, Ymax].

CONSTRUCCIÓN DE UNA GUI

Después de montar el programa utilizando los recursos computaciones que hemos visto, podemos activar la interfaz, simplemente tenemos que pulsar Ctrl + T, o pulsando un botón verde en formato de play en la parte superior de la ventana. Cuando la ventana de una interfaz gráfica es activada, el Matlab crea automáticamente una función (*M-file*) con el código necesario para generar la estructura de datos de todos los componentes y las respectivas propiedades que constituyen la interfaz, através de una secuencia de instrucciones que aparecen en el inicio de la función y no deberán ser modificadas.

Comando get y set → El comando "get" sirve para la entrada de datos, sea esta un número o un nombre. El comando "set" tiene la finalidad de solamente mostrar los datos obtenidos o generados en el programa en cualquier elemento GUI programado.

Ejemplo 1:

    Variable=get(handles.**edit1**, 'string');

    set(handles.**text1**, 'string',Variable)

Ejemplo 2:

Todas las interfaces generan un *M-file* correspondiente a las herramientas utilizadas. Entonces puede hacer el diseño del programa de abajo utilizando un *text*, un *edit text* y un botón *push*, teclee los comandos debajo en el *M-file* generado por la interface en la parte que corresponde a la acción en el botón (devolución de llamada-callback). Eche un vistazo en la *Tag* correspondiente a los comandos para ver si es el mismo de la interface, por el contrario al ejecutarse el programa dará un error.

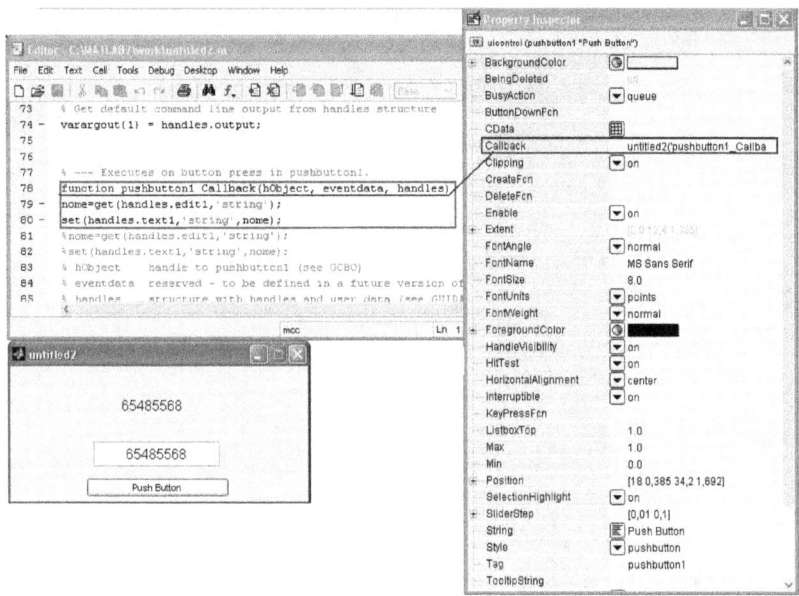

ALGUNOS EJEMPLOS

EJEMPLO 1:

El comando **str2num** sirve para convertir el valor *string* en un valor numérico, y **num2str** en el contrario.

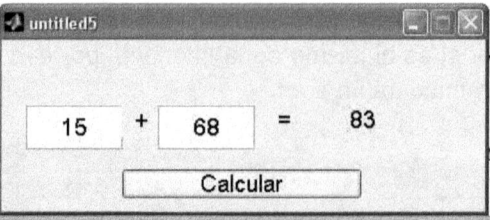

Recuerde: El *Tag* del *M-file* debe ser el correspondiente a la herramienta usada en la interface. Los comandos deben ser escritos en el *M-file* de la interface de la parte correspondiente al *callback* del botón.

EJEMPLO 2:

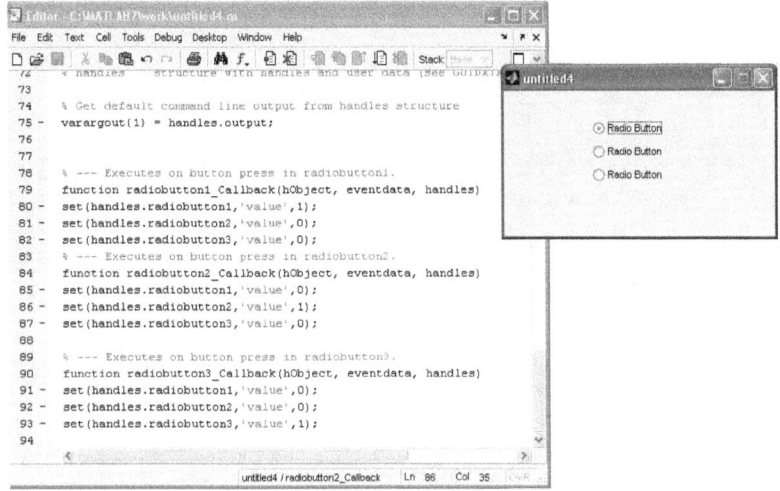

Advierta que lado del radio button tiene su callback, entonces la lógica es la siguiente: Cuando el usuario selecciona un radio button, el mismo es marcado y automáticamente los dos restantes no son marcados.

Entonces:

function radiobutton1_callback(hObject, eventdata, handles)

set(handles.radionbutton1,'value',1);

set(handles.radionbutton2,'value',0);

set(handles.radionbutton3,'value',0);

Nota: el valor del *Radio button* puede ser colocado en una variable y utilizado como condición para las futuras acciones de determinado programa.

EJEMPLO 3:

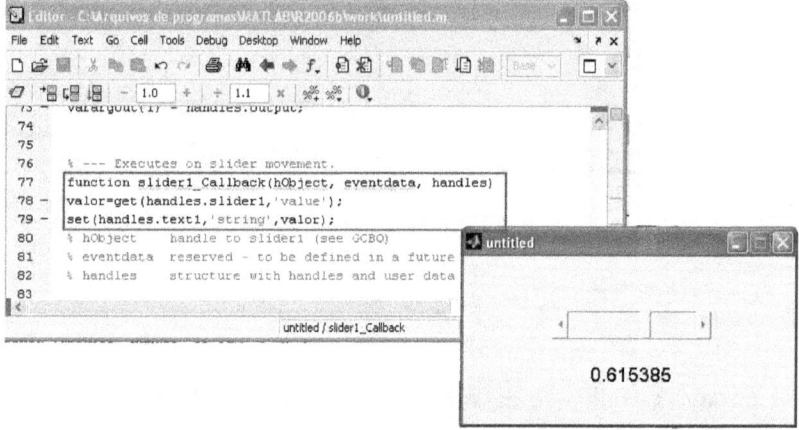

Este ejmplo muestra la utilidad del *Slider*, donde su intervalo puede ser modificado de acuerdo con la necesidad del programador en el *Propert Inspector* en *max y min*.

La lógica del programa es el siguiente: así como el *Slider* se ejecuta el valor contenido en su intervalo aumenta, donde al final del *Slider* es su valor máximo. Después el valor seleccionado es colocado en una variable y después es mostrada en un *text*.

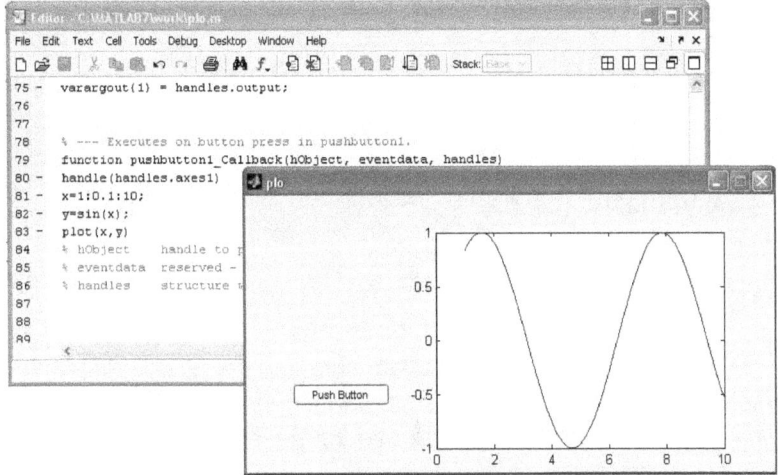

El eje es parte de las herramientas utilizadas para la construcción de una GUI, el programador puede agregar varios gráficos al mismo tiempo, pero para referirse a cada eje basta con escribir **handle(handles.axes(numero de axes))**, en el *M-file* generado por la interface.

COMO USAR UNA *LISTBOX*

Una de las dificultades más frecuentes de los principiantes en la interface gráfica es entender la lógica de los programas, en realidad cuando el usuario aprende cómo se comporta el programa, se hace más fácil reproducirlo.

Lo que necesita saber para usar una listbox es:

1→   La listbox muestra los datos almacenados en las matrices, o representa una columna de una matriz.

2 → Almacena datos en una matriz.

3 → Genera una base datos.

CREANDO UNA LISTA

1°PASO

Para comenzar abra el matlab, abra la parte que corresponde a la interface gráfica. Ha como en la imagen siguiente. Apague los *strings* del *edit* y del *listbox*, haga eso sus respectivas propiedades (*property inspector*).

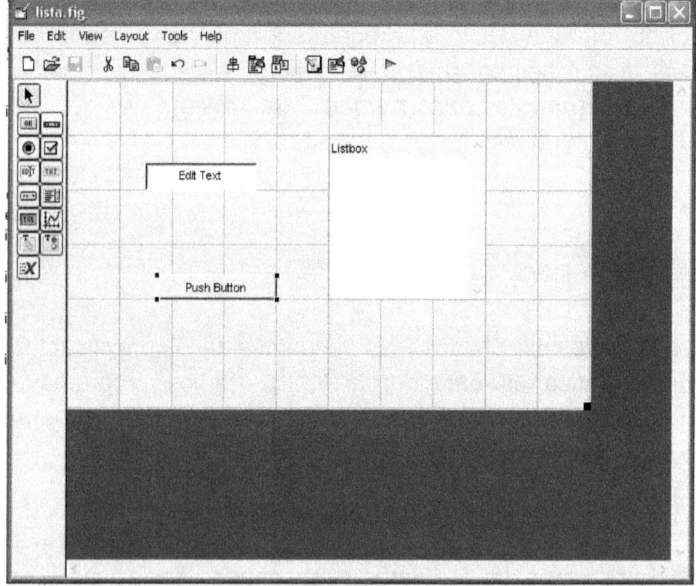

2° PASO

Ahora es necesario crear un contador para que podamos listar los datos y almacenarlos en una matriz. Abre un nuevo archivo-M y escriba los siguientes comandos:

function iniciar()

n=1;

save base_datos

Después de escribir el comando guarde el archivo-m con el nombre que queda después del comando **function**.

3° PASO

Abra un nuevo archivo-M y escriba los siguientes comandos:

function generador_contador()

load base_datos

n=n+1;

x=findobj('tag','edit1');

xa=get(x,'string');

tabla(n,1)={n};

tabla(n,2)={xa};

lista=findobj('tag','listbox1');

set(lista,'string',tabla(:,2));

save base_datos

    Después guarde el archivo con el nombre que está después del comando **function**.

4° PASO

    Vaya hasta la ventana, abra las propiedades del botón como muestra la figura:

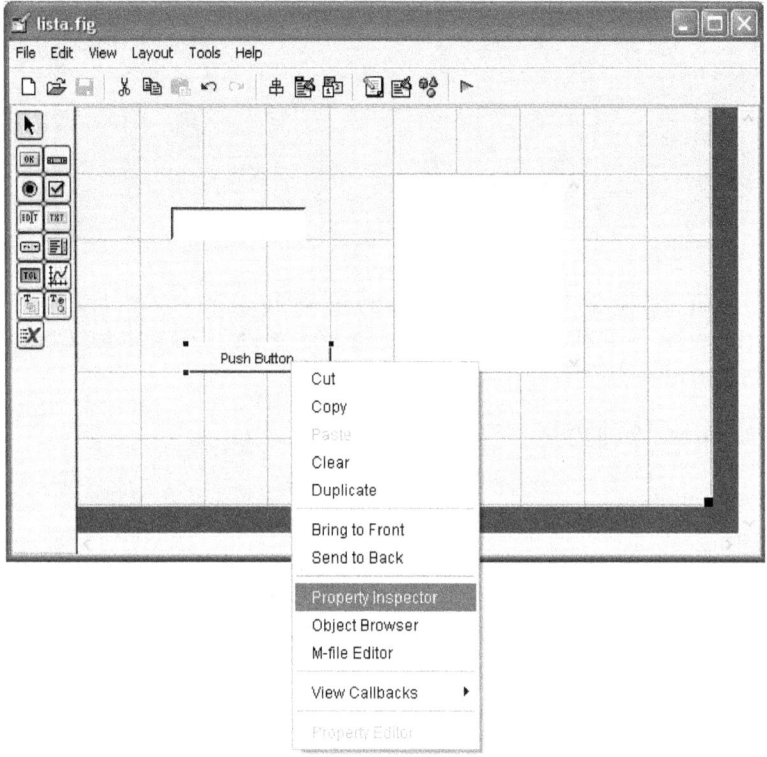

En la propiedad en callback escriba el nombre del archivo-M que se desea ejecutar al seleccionar el botón, en este caso generador_contador. En el CreateFcn escriba el nombre del archivo-M que desea que sea ejecutado cuando el programa se abra, en el caso de iniciarse.

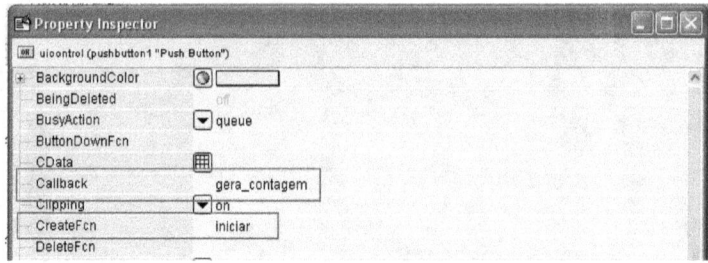

El comando findobj funciona como el input, pero con findobj el programador necesita direccionar hacia dónde va el comando. Como por ejemplo:

x=findobj('tag','edit1');

xa=get(x,'string');

En este caso el comando fue direccionado para su edit1, donde después fue almacenado en una variable. La variable "xa" solo hace almacenar en una variable lo que ya estaba en "x" en el formato string.

CONSTRUYENDO PANELES PARA LA INTERFACE

En las interfaces gráficas en el matlab es posible generar paneles que se fijan en la parte superior de la ventana del programa. El programador puede colocar en esos paneles los botones como "Archivo", "Editar", "Insertar", "Formato", "Ayuda".

En la parte superior de la ventana del utilizador tiene un botón llamado *Menu Editor*.

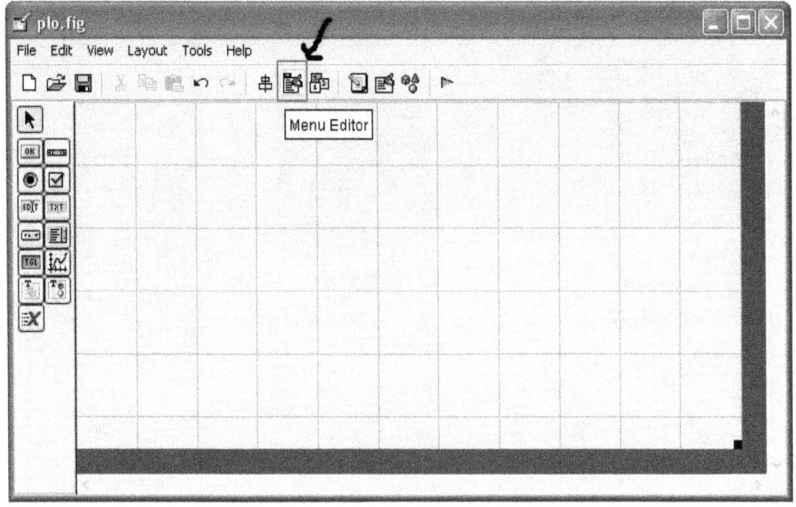

Al entrar en el *Menu Editor* el usuario podrá crear un panel para su GUI, es lógico que después tendrá que programar sus funciones, sus callbacks son direccionados automáticamente hacia el archivo-M generado por la interface, pero pueden ser redireccionados por el Menu Editor, donde muestra el callback de cada ítem en el panel.

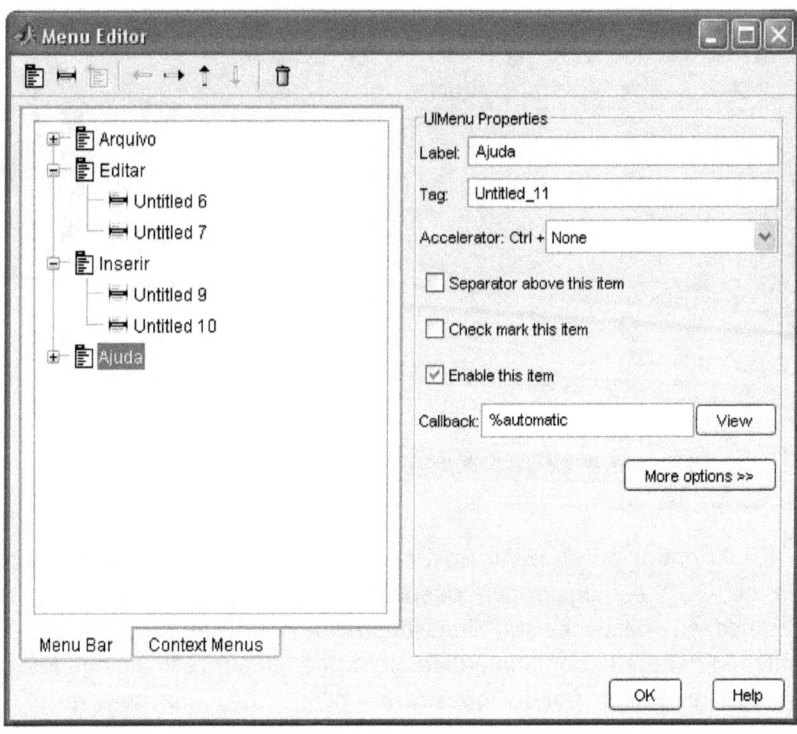

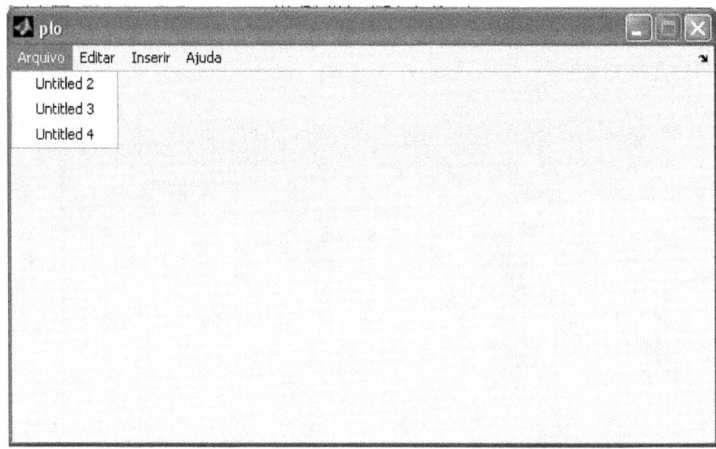

ABRIR Y GUARDAR ARCHIVOS

El usuario puede abrir y generar ejecutables en su interface, después puede usar los comandos de abajo, después tendrá que programarlos.

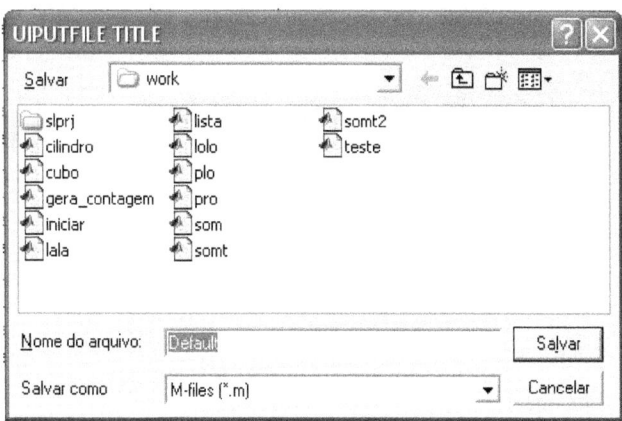

GUARDAR

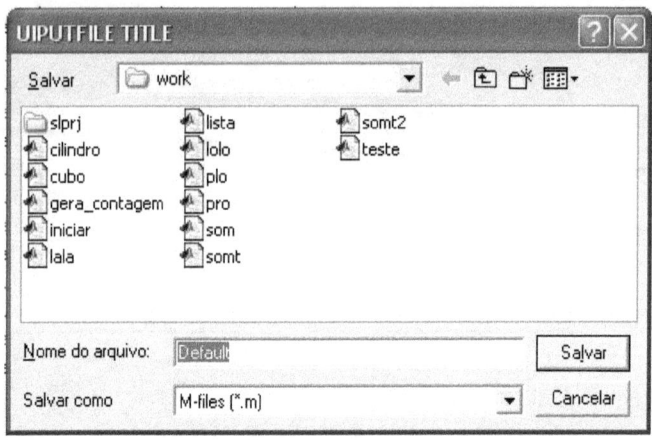

[filename,pathname] = uiputfile('Default.m','UIPUTFILE TITLE');

HERRAMIENTAS ÚTILES

button = questdlg("¿Desea cerrar el programa?', ...

'Salida','Si','No','No');

switch boton

  case 'Si',

    close

  case 'No',

    return

end

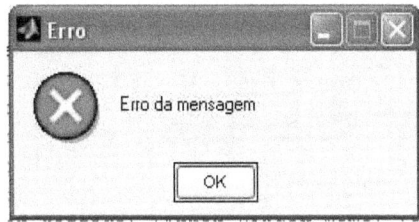

msgbox('Mensaje de error','Error','help');

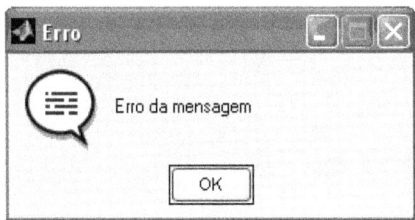

msgbox('Mensaje de error','Error','help');

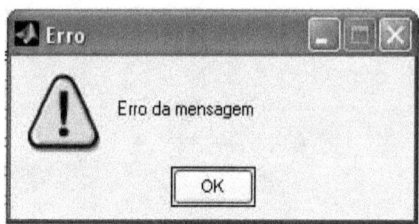

msgbox('Error del mensaje','Error','warn');

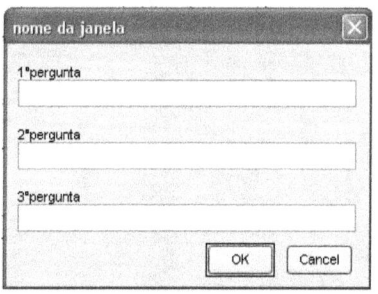

answers = inputdlg({'1ºpregunta',...

'2ºpregunta',...

'3ºpregunta',},...

'nombre de la ventana');

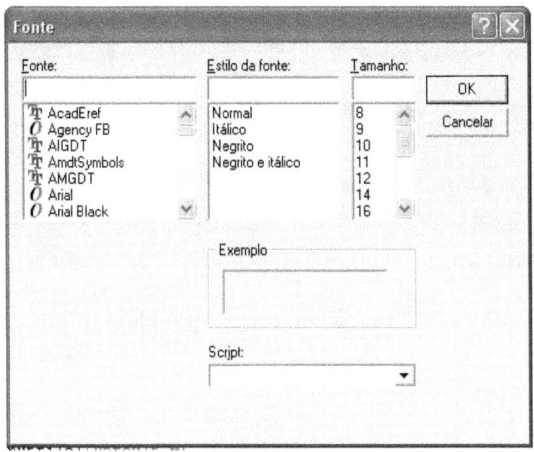

uisetfont(object_handles)

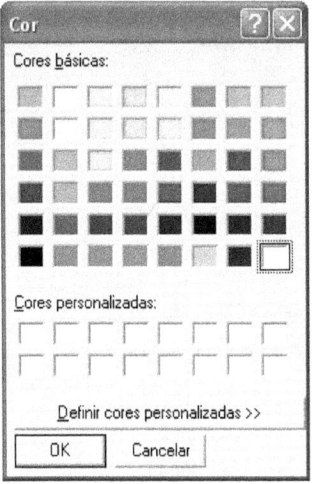

uisetfcolor(object_handles)

COMANDOS BÁSICOS DE MATLAB

SÍMBOLO DEL SISTEMA (PROMPT)

Cuando empezamos MATLAB aparecerá la ventana del símbolo del sistema junto con el símbolo >> que nos indica que el software está listo para recibir comandos:

To get started, select "MATLAB Help" from the Help menu.

\>\>

OPERACIONES BÁSICAS

Las operaciones básicas son:

- Suma (+)
- Resta (-)
- Multiplicación (*)
- División (/) o (\)
- Potenciación (^)

CÁLCULO DE EXPRESIONES NUMÉRICAS

Cuando escribimos las palabras de abajo y luego pulsamos <Enter>:

>> 12/2+3*(2^4)

Veremos la respuesta:

ans =

54

VARIABLES

En Matlab podemos almacenar valores en las variables. Las variables deben tener un nombre único, deben empiezar con una letra y pueden contener dígitos o el símbolo _ (Subrayado). MATLAB es case sensitive, es decir, distingue entre mayúsculas y minúsculas.

>> distancia = 100

distancia =

100

>> tiempo = 3

tiempo =

3

>> velocidad_media = distancia / tiempo

velocidad_media =

33.3333

Tenga en cuenta que cuando escribimos el nombre de la variable, el símbolo = y su valor matlab almacena la variable y la muestra en la pantalla. Para suprimir la visualización de la variable añadida un punto y coma al final de los comandos. Al crear una expresión, sino la almacena en una variable, Matlab la guardará automáticamente en la variable ans.

El comando "who" muestra todas las variables almacenadas durante una sesión de MATLAB.

>> who

Tus variables son:

ans tiempo

distancia velocidad_media

El comando "clear" limpia una o más variables.

>> clear tiempo

En este ejemplo sólo limpia la variable tiempo.

>> clear velocidad_media distancia

En este ejemplo se limpian las variables velocidad_media y distancia.

>> clear

En este ejemplo se limpian TODAS las variables de sesión.

OPERADORES BOOLEANOS

Los operadores booleanos son & (booleano AND) | (booleano OR) y ~ (boolean NOT / negación). Un valor de cero significa falso, cualquier valor distinto de cero (normalmente 1) se considera verdadero.

>>%boolean AND

>> y = 1 & 0

y = 0

>> y = 1 & 1

y = 1

>>%boolean OR

>> y = 1 | 0

y = 1

>> y = 1 | 1

y = 1

La operación de negación en MATLAB viene dada por el símbolo ~, que convierte cualquier valor FALSO en TRUE y viceversa:

>> c = (a == b)

c = 1

>> ~c

ans = 0

Esto es necesario porque los condicionales (IF / SWITCH / TRY) y los bucles (DO / WHILE) siempre buscan declaraciones que son verdaderas, así que si usted quiere hacer algo sólo cuando la declaración es FALSA es necesario utilizar la negación para convertirla en una declaración verdadera.

El operador NOT tiene prioridad sobre los operadores AND y OR en MATLAB a menos que las declaraciones AND o OR estén entre paréntesis:

\>\> Y = 1 y 0

y = 0

\>\> Y = (1 y 0)

y = 1

NOTA: MATLAB se refiere a los valores Booleanos como valores "lógicos" y no utiliza la palabra "Boolean" en el código ni en su documentación.

GUARDAR SESIONES

Para guardar una sesión de MATLAB, vaya a menú File y seleccione Save Workspace As. Elija una carpeta y nombre para el archivo y haga clic en guardar. Para abrir una sesión guardada previamente elija el menú de nuevo File y después vaya a la opción Open. Elija la carpeta donde se encuentra el archivo, seleccione el archivo y clic Open.

RECUPERACIÓN DE COMANDOS

Para evitar volver a escribir, Matlab almacena todos los comandos del usuario durante una sesión. Para acceder a los comandos anteriores sólo presione la tecla de "Flecha hacia arriba" de su teclado una y otra vez hasta que encuentre el comando que desea. Entonces el comando ya puede ser editado y ejecutado de nuevo.

VARIABLES ESPECIALES

- **ans:** Nombre de la variable estándar usado para resultados.
- **Pi:** 3.1416
- **Eps:** Menor número que sumado a 1, crea un número mayor que 1.
- **Inf:** Infinito.
- **NaN:** No es número.
- **i y j:** Raíz cuadrada de -1.
- **Realmin:** Menor número real positivo
- **Realmax:** Mayor número real positivo

ALGUNAS FUNCIONES MATEMÁTICAS ELEMENTALES

- **abs(x):** Valor absoluto
- **acos(x):** Arco coseno
- **asin(x):** Arco seno
- **atan(x):** Arco tangente
- **cos(x):** Coseno
- **exp(x):** Exponencial (x^e)
- **log(x):** Logaritmo natural (base e)
- **log10(x):** Logaritmo en base 10
- **sin(x)**: Seno
- **sqrt(x):** Raíz cuadrada
- **tan(x):** Tangente

EXPRESIONES CON FUNCIONES

\>> sin(pi/3)

ans =

1

\>> cos(pi/7)^3

ans =

1.00000

\>> asin(1)*360/pi

ans =

180

VECTORES

Matlab puede trabajar con elementos vectoriales y realizar operaciones en ellos.

Definición de un vector:

\>\> A = [0 1 2 3 4 5]

A =

0 1 2 3 4 5

\>\> X = [0 0.2*pi 0.4*pi 0.6*pi 0.8*pi pi]

X =

0 0.6283 1.2566 1.8850 2.5133 3.1416

Otra forma de crear un conjunto:

\>\> A = 1:1:5

A =

1 2 3 4 5

\>\> X = 0:pi/5:pi

X =

0 0.6283 1.2566 1.8850 2.5133 3.1416

El primer valor es el valor inicial, el segundo es el "salto" y el tercero el valor final.

La función linspace genera un vector linealmente espaciado a partir del valor inicial, un valor final y un número de elementos.

\>> X = linspace (0, pi, 6)

X =

0 0.6283 1.2566 1.8850 2.5133 3.1416

La función logspace genera un vector logarítmicamente espaciada a partir de una potencia inicial, una potencia final y un número valores.

\>> V = Logspace (0,2,5)

V =

1.0000 3.1623 10.0000 31.6228 100.0000

OPERACIONES CON VECTORES

\>> B = 2 * A

B =

2 4 6 8 10

\>> Y = sin(X)

Y =

0 0.5878 0.9511 0.9511 0.5878 0.0000

\>> Z = A.^2

Z =

1 4 9 16 25

Los operadores *, / y ^ van precedidos de un punto para poder ser utilizado en vectores cuando queremos realizar una operación en cada uno de sus elementos.

- A^2 significa potencia de matrices.
- A.^2 significa que elevar cada elemento del vector al cuadrado.

Elevar cada elemento de la matriz al cuadrado:

\>> Z = A.^2

Z =

1 4 9 16 25

Elevar el vector al cuadrado:

\>> Z = A ^ 2

??? Error using ==> ^

La matriz debe de ser cuadrada.

Tendremos un error debido a que el vector A es una matriz 1x5 y no es una matriz cuadrada.

ACCEDER A LOS ELEMENTOS DE VECTORES

Acceder a un elemento de matriz:

\>> Z (1)

ans =

1

\>> Z (2)

ans =

4

\>> Z (6)

??? el Índice excede de las dimensiones de la matriz.

Tenemos un error al acceder a una posición del vector que es inexistente.

También podemos acceder a más de un elemento:

\>> Z(1:3)

ans =

1 4 9

\>> Z(3:5)

ans =

9 16 25

\>> Z(2:4)

ans =

4 9 16

DECLARAR UN VECTOR

Para declarar vectores como si fueran matrices normales, todas las dimensiones excepto una deben de tener la longitud 1. No importa si la matriz es vertical u horizontal. Por ejemplo, los siguientes son vectores:

>> Horiz = [1,2,3];

>> Vert = [4, 5, 6];

Usted puede utilizar la función isvector para determinar en medio de un programa si una variable es un vector o no antes de intentar utilizarlo para una operación vectorial. Esto es útil para la comprobación de errores.

>> isvector(Horiz)

ans = 1

>> isvector(Vert)

ans = 1

Otra forma de crear un vector es asignar una única fila o columna de una matriz a otra variable:

\>\> A = [1,2,3;4,5,6];

\>\> Vec = A(1,:)

Vec = 1 2 3

Esta es una manera útil de almacenar varios vectores y luego extraerlos cuando necesite utilizarlos. Por ejemplo, los gradientes pueden ser almacenados en la forma jacobiana (que es como la caja de herramientas matemáticas simbólica devolverá la derivada de una función de múltiples variables) y se extrajo según sea necesario para encontrar la magnitud de la derivada de una función específica en un sistema.

DECLARAR UN VECTOR CON ESPACIAMIENTO LINEAL O LOGARÍTMICO

Suponga que desea declarar un vector que varía linealmente entre dos extremos. Por ejemplo, el vector [1,2,3] varía linealmente entre 1 y 3, y el vector [1,1.1,1.2,1.3, ..., 2.9,3] también varía linealmente entre 1 y 3 Para evitar tener que escribir todos esos términos, MATLAB viene con una práctica función llamada linspace para declarar tales vectores de forma automática:

\>\> LinVector = linspace(1,3,21)

LinVector = Columns 1 through 9

1.0000 1.1000 1.2000 1.3000 1.4000 1.5000 1.6000 1.7000 1.8000

Columns 10 through 18

1.9000 2.0000 2.1000 2.2000 2.3000 2.4000 2.5000 2.6000 2.7000

Columns 19 through 21

2.8000 2.9000 3.0000

Tenga en cuenta que linspace produce un vector fila, no un vector columna. Para obtener un vector columna debe utilizar el operador de transposición (') en LinVector.

El tercer argumento de la función es el tamaño total del vector que quiere, que incluirá los dos primeros argumentos como criterios de valoración y n-2 otros puntos intermedios. Si se omite el tercer argumento, MATLAB supone que desea la matriz para tener 100 elementos.

Si, en cambio, desea que la separación sea logarítmica, utilice la función logspace. Esta función, a diferencia de la función linspace, no encuentra n-2 puntos entre los dos primeros argumentos a y b. En lugar de ello se encuentra n-2 puntos entre 10^a y 10^b como sigue:

>> LogVector = logspace(1,3,21)

LogVector = 1.0e+003 *

Columns 1 through 9

0.0100 0.0126 0.0158 0.0200 0.0251 0.0316 0.0398 0.0501 0.0631

Columns 10 through 18

0.0794 0.1000 0.1259 0.1585 0.1995 0.2512 0.3162 0.3981 0.5012

Columns 19 through 21

0.6310 0.7943 1.0000

Ambas funciones son útiles para la generación de puntos que se desean evaluar en otra función, para el trazado sobre ejes rectangulares y logarítmicos respectivamente.

VECTOR MAGNITUD

La magnitud de un vector se puede encontrar mediante la función norm:

>> Magnitud = norm(inputvector,2);

Por ejemplo:

>> magHoriz = norm(Horiz)

magHoriz = 3.7417

>> magVert = norm(Vert)

magVert = 8.7750

El vector de entrada puede ser horizontal o vertical.

PRODUCTO ESCALAR

El producto escalar de dos vectores del mismo tamaño (vertical u horizontal, no importa siempre y cuando el eje largo tenga la misma longitud) se encuentra utilizando la función de puntos como sigue:

\>> DP = dot(Horiz, Vert)

DP = 32

El producto punto produce un valor escalar, que se puede utilizar para encontrar el ángulo si se utiliza en combinación con la magnitud de los dos vectores como sigue:

\>> theta = acos(DP/(magHoriz*magVert));

\>> theta = 0.2257

Tenga en cuenta que este ángulo es en radianes, no en grados.

PRODUCTO CRUZADO

El producto vectorial de dos vectores de tamaño 3 se calcula utilizando la función 'cross':

\>> CP = cross(Horiz, Vert)

CP = -3 6 -3

Tenga en cuenta que el producto vectorial es un vector. Análogo al producto punto, el ángulo entre dos vectores pueden ser también encontrados usando la magnitud del producto cruzado:

>> CPMag = norm(CP);

>> theta = asin(CPMag/(magHoriz*magVert))

theta = 0.2257

El producto cruzado en sí es siempre perpendicular a ambos de los dos vectores iniciales. Si el producto cruzado es cero, entonces los dos vectores originales eran paralelos entre sí.

LAS MATRICES

Podemos crear una matriz de la siguiente manera:

>> M = [1 0 -1; 2 3 4; -7 1 3]

M =

1 0 -1

2 3 4

-7 1 3

Creamos una matriz de 3x3. Tenga en cuenta que los elementos de la línea están separados por un espacio en blanco y las líneas están separadas por punto y coma.

También podemos crear matrices de vectores o de otras matrices

\>\> b = [2 -3 1];

\>\> Mx = [b' M(:,2:3)]

Mx =

2 0 -1

-3 3 4

1 1 3

M (:, 2: 3) significa la parte de la matriz M comprendida de todas las líneas (:) y las columnas 2 y 3 (2: 3). La matriz Mx se genera mediante la concatenación del vector b transpuesto y las columnas 2 y 3 de la matriz M.

OPERACIONES CON MATRICES

TRANSPOSICIÓN

Para ello utilizamos el operador ' (Las comillas simples)

\>\> M'

ans =

1 2 -7

0 3 1

-1 4 3

DETERMINANTE

\>\> Det (M)

ans =

-18

MATRIZ INVERSA

\>\> inv(M)

ans =

-0.4344 0.0686 -0.1241

1.3411 0.4321 0.4444

-1.9874 0.0012 -0.4366

Todas las operaciones vistas para los vectores funcionan para las matrices. Hay que tener cuidado en las operaciones que requieren que las dimensiones de la matriz sean correlativas.

\>\> A = [1 2 3];

\>\> B = [4 5 6];

\>\> A*B

??? Error using ==> *

Las dimensiones de la matriz interiores deben concordar

\>\> A*B'

ans =

DECLARAR ESTRUCTURAS

Las estructuras se pueden declarar utilizando el comando struct.

>> a = struct('b', 0, 'c', 'prueba')

a =

b: 0

c: 'prueba'

En MATLAB, las variables no requieren su declaración explícita antes de su uso. Como resultado, las estructuras pueden ser declaradas con el operador '.'.

>> a.c = 'prueba'

a =

c: 'prueba'

Las estructuras pueden ser declaradas cuando sean necesarias y usar así sus campos.

MATRICES DE ESTRUCTURAS

Las estructuras también pueden ser matrices. A continuación se muestra un ejemplo

>> a = struct('b', 0, 'c', 'prueba'); % Crea estructura

>> a(2).b = 1; % vuelve al array para la creación de otro elemento

>> a(2).c = 'probando'

a =

1x2 array de estructura con campos:

b

c

>> a(1) % estructura inicial

ans =

b: 0

c: 'prueba'

>> a(2) % el Segundo elemento

ans =

b: 1

c: 'probando'

ACCEDIENDO A LOS CAMPOS

Cuando se conoce el nombre del campo se puede acceder al valor del campo directamente.

\>> a.c

ans =

prueba

ans =

probando

En algunos casos puede ser necesario acceder al campo de forma dinámica y esto se puede hacer de la siguiente manera.

\>> str = 'c';

\>> a(1).(str)

ans =

prueba

\>> a(1).c

ans =

prueba

ACCESO A ELEMENTOS DE LA MATRIZ

Se puede acceder a cualquier elemento determinado en una matriz de estructura a través de un índice de matriz como ésta.

>> a(1).c

ans =

prueba

Para acceder a todos los elementos en una matriz de estructura se utiliza la sintaxis {structure.field}. Con el fin de obtener todos los valores de un vector o array utilice los corchetes ([]) como se ve a continuación.

>> [A.('C')]

ans =

pruebaprobando

>> [A.('B')]

ans =

0 1

O usted puede poner a todos en un arrays de celdas (en lugar de concatenarlos) como a continuación:

>> {A.('C')}

ans = {'prueba', 'probando'}

SUB-ARRAYS MEDIANTE DIRECCIONAMIENTO LÓGICO

Con Matlab, es posible extraer un subconjunto de una matriz mediante el uso de la indexación lógica. Considere el siguiente array de estructuras:

foo = struct('field_a',{1,2,3,4},'field_b',{4,8,12,16})

Para obtener un subarray de foo donde todos los valores foo.field_a son iguales a 2, se puede utilizar una matriz booleana para llevar a cabo la indexación lógica. Por lo tanto, una prueba booleana que devuelve un array booleano para este propósito sería:

[foo.field_a] == 2

Por lo tanto, utilizando esta matriz booleana para realizar la indexación lógica, Matlab define una matriz cuyos elementos struct constarán de los foo cuyo valor de Field_A sea igual a 2 haciendo:

foo ([foo.field_a] == 2)

LAS MATRICES CELULARES

Las matrices celulares se crean igual que las matrices regulares excepto que se utilizan las llaves en lugar de corchetes.

array = [1, 2, 3; 4, 5, 6];

cell_array = {1, 2, 3; 4, 5, 6};

La variable de la matriz es 1 matriz con 2 filas y 3 columnas. Cada elemento es un escalar. La variable es cell_array y es esencialmente una matriz de matrices. En este caso la variable cell_array se compone de 6 arrays con 1 elemento escalar en cada uno de los 6 arrays.

Las matrices celulares tienen menos limitaciones que las matrices regulares. La matriz regular, la que va definida entre los corchetes, puede contener números o cadenas, pero si se mantienen cadenas en cada elemento, todas las cadenas deben tener la misma longitud. También, si un elemento de una matriz es una cadena de todos los elementos deben ser una cadena. Las matrices celulares no tienen ninguna de estas limitaciones.

cell_array = {1, 2, 'a', 'abc'; rand(3, 2), magic(3), eye(3), 'junk'}

cell_array =

[1] [2] 'a' 'abc'

[3x2 double] [3x3 double] [3x3 double] 'junk'

La falta de limitaciones o reglas para el contenido de las matrices celulares también nos conlleva varias complicaciones. Estas matrices de células son herramientas muy potentes pero requiere de un montón de tiempo para acostumbrarse a estas, ya que cada elemento puede ser casi cualquier cosa.

Las matrices celulares también puede cambiar su tamaño de forma dinámica, esta es una característica clave en las estructuras de datos más avanzadas. Por ejemplo, uno puede crear una cola de datos de estructuras mediante los comandos:

cell_array{end+1}='a';

cell_array{end+1}='b';

... etc.

Una vez puede aparecer un elemento de la parte delantera de la cola usando los comandos:

cell_array(1)=[]; % elimina el primer elemento – cambia el tamaño

cell_array(1)=[]; % elimina el primer elemento – cambia el tamaño

... etc.

LOS GRÁFICOS EN DOS DIMENSIONES

Con Matlab podemos generar gráficos a partir de matrices:

\>\> X = linspace(0,5*pi,10);

\>\> Y = sin(X);

\>\> plot(X,Y)

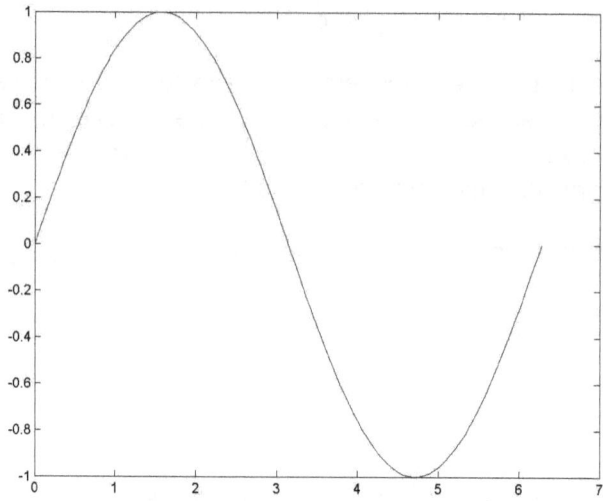

También puede poner dos líneas en la misma gráfica (seno y coseno):

\>> Z = cos(X);

\>> plot(X,Y,X,Z)

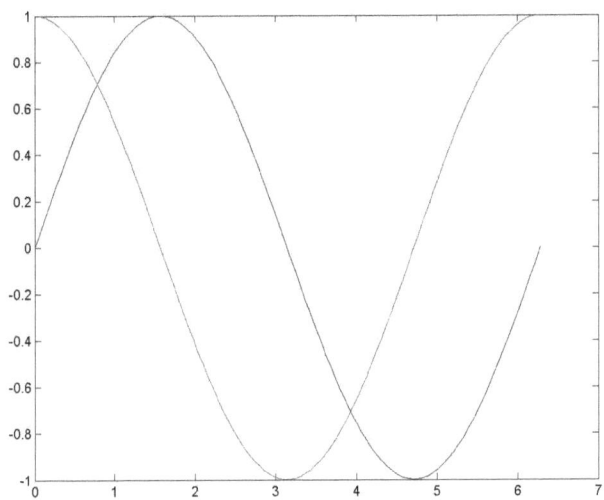

Título de la gráfica:

>> title ('sin (x) y cos (x)')

Nombre para el eje x:

>> Xlabel ("grados (en radianes) ')

Nombre del eje y:

>> Ylabel ("variable dependiente")

Resultado:

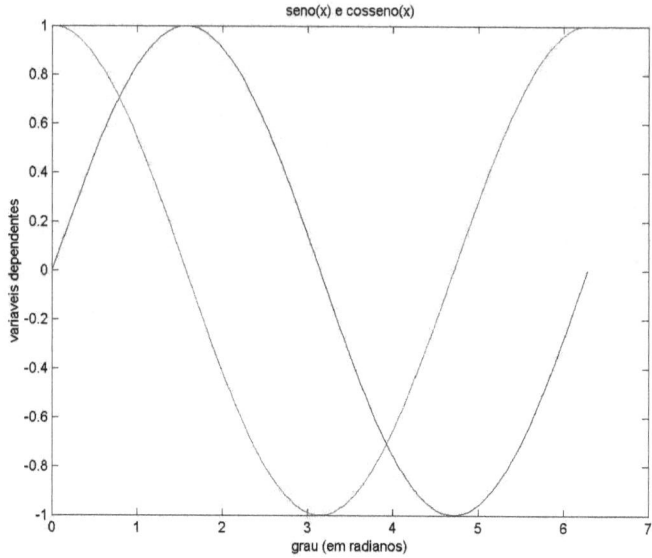

Líneas de división

>> grid

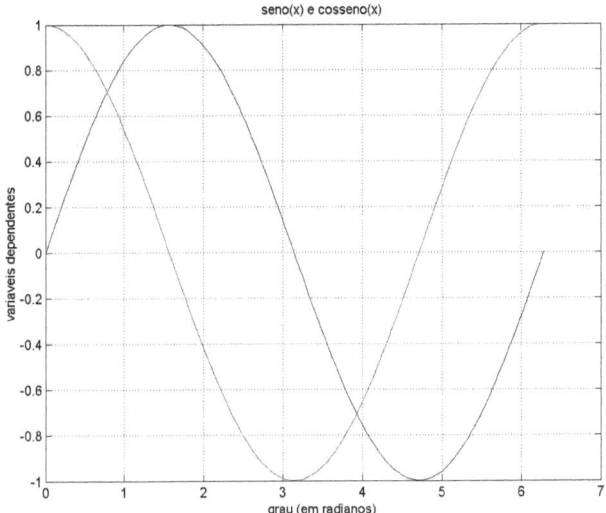

Gráficos para líneas: la función Plot3

```
>> X = linspace(0, 10*pi, 300);
>> Y = sin(X);
>> Z = cos(X);
>> plot3(X,Y,Z)
>> grid
```

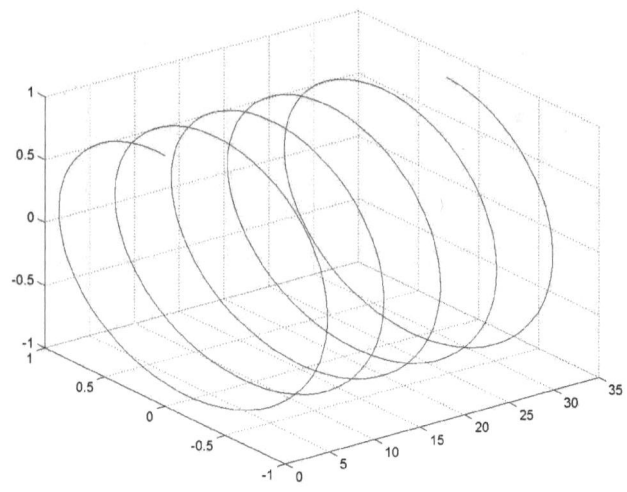

Los gráficos de superficie: la función mesh

\>\> v = linspace(-10,10,20);

\>\> [X, Y] = meshgrid(v,v);

\>\> Z = X.^2 + Y.^2;

\>\> mesh(X,Y,Z)

Utilizamos la función meshgrid para generar X e Y como matrices con valores repetidos que se utilizan para generar la matriz Z.

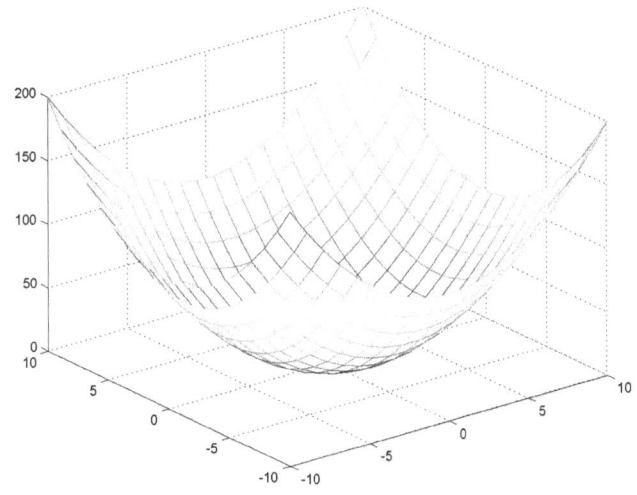

- Función mesh - superficies en redes

- Función Surf - Superficies de color (opaco)

- Función surfl - Superficies de color con una fuente de luz.

- Ejemplo 1:

Surf >> (X, Y, Z)

- Ejemplo 2:

>> Mapa de colores (gris)

Surfl >> (X, Y, Z)

Ejemplo 1

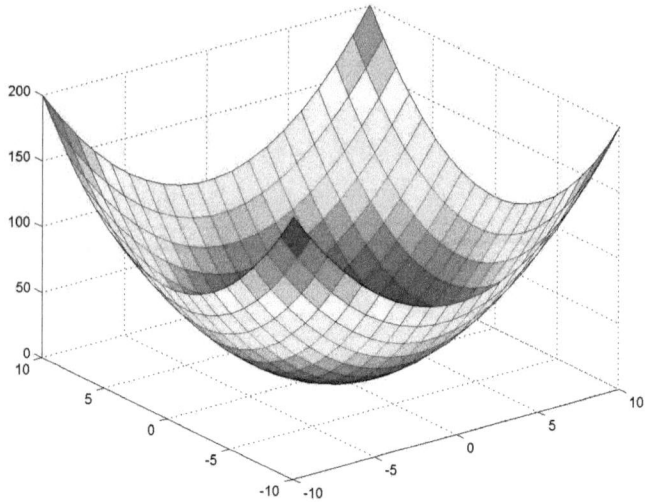

Ejemplo 2

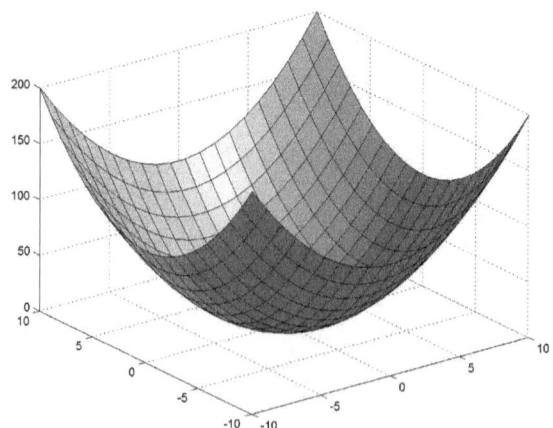

ROTAR GRÁFICOS EN 3D

Para rotar un gráfico en 3D primero tiene que hacer clic sobre el botón ![] que está presente en la ventana gráfico. Después de esto, haga clic en el gráfico y mantenga presionado el botón del ratón. Aparecerá un cuadro que indica la dirección del gráfico. Ahora, solamente tiene que mover el ratón para ajustar la posición deseada del gráfico.

SUPERFICIES DE CONTORNO

La función counter genera superficies de contorno.

\>> counter (X, Y, Z 30)

Los tres primeros parámetros son las matrices con los datos para los gráficos. El cuarto parámetro es el número de contornos.

SUPERFICIES DE CONTORNO

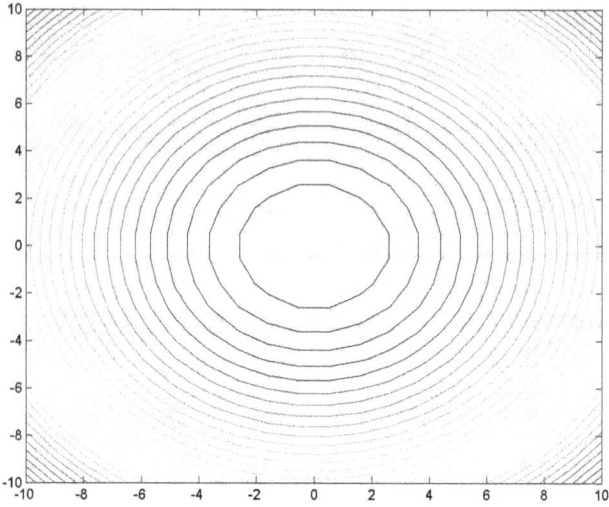

La función pcolor genera gráficos con pseudocolores.

```
>> pcolor (X, Y, Z)
```

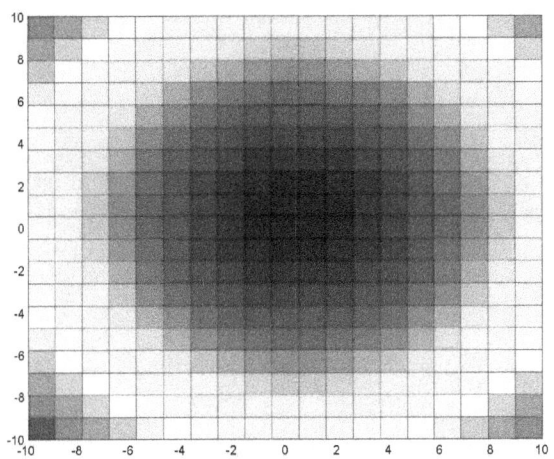

MATEMÁTICAS SIMBÓLICAS

Matlab no se desarrolló originalmente para trabajar con matemáticas simbólicas. Originalmente ya existían otros competidores con software enfocado en las matemáticas simbólicas como Mathematica y Maple. Sin embargo Matlab tiene una "caja de herramientas" que nos permite trabajar con expresiones simbólicas.

LAS VARIABLES SIMBÓLICAS

Para informar a Matlab sobre las variables simbólicas hacemos lo siguiente:

\>> syms a b

\>\> c = a^2 + b^2

c =

a^2+b^2

Definimos las variables a y b como simbólicas con el comando syms y definimos c como una expresión simbólica para a e b.

LÍMITES

El Límite en un punto se define de la siguiente manera:

\>\> b = sin(a)/a

b =

sin(a)/a

\>\> limit(b,a,0)

ans =

1

La función límite tiene como parámetros: una función, una variable libre y el punto donde debe calcularse el límite.

El limite a la izquierda (left) y a la derecha (right) del punto:

\>\> b = tan(a)

b =

tan(a)

>> limit(b,a,pi/2,'left')

ans =

inf

>> limit(b,a,pi/2,'right')

ans =

-inf

DERIVADAS

La función diff se utiliza para diferenciar las funciones de una o más variables.

>> b = a^3+2*a^2

b =

a^3+2*a^2

>> diff(b,a)

ans =

3*a^2+4*a

En el ejemplo anterior diff (b, a) deriva la función b con respecto a la variable a.

Las funciones de dos variables (derivadas parciales) funcionan de la siguiente manera:

>> syms a b

>> c = a^2 + b^2

c =

a^2+b^2

>> diff(z,a)

ans =

2*a

>> diff(c,b)

ans =

2*b

Las derivadas de órdenes superiores se definen de la siguiente manera:

>> syms b a

>> b = (a^2 -1)/(a-3)

b =

(a^2-1)/(a-3)

>> diff(b,a,2)

ans =

2/(a-3)-4*a/(a-3)^2+2*(a^2-1)/(a-3)^3

El tercer parámetro de la función diff es el número de veces queremos diferenciar b con respecto a a.

INTEGRALES

Para integrar una función se usa el comando int, veamos un ejemplo de su utilización:

>> b = a^2

b =

a^2

>> int(b,a)

ans =

1/3*a^3

En la siguiente integral:

>> int(sin(a),a,0,2*pi)

ans =

0

>> int(sin(a),a,0,pi)

ans =

2

El tercer y cuarto parámetro de la función int son los límites inferior y superior de la integral.

SIMPLIFICACIÓN DE EXPRESIONES EN MATLAB

El comando simple:

>> b = (a^3-1)/(a+4)

b =

(a^3-1)/(a+4)

>> diff(b,a)

ans =

3*a^2/(a+4)-(a^3-1)/(a+4)^2

>> simple(b)

ans =

(2*a^3+12*a^2+1)/(a+4)^2

MOSTRAR LAS EXPRESIONES

El comando pretty muestra una expresión en un formato más amigable, como podemos ver a continuación:

ans =

(2*a^3+12*a^2+1)/(a+4)^2

```
>> pretty(ans)
```

$$\frac{2a^3 + 12a^2 + 1}{2(a+4)}$$

GRÁFICOS CON FUNCIONES SIMBÓLICAS

La poder generar gráficos con funciones basadas en variables simbólicas usamos la función ezplot, veamos el siguiente ejemplo:

```
>> syms a
>> b=log(a)

b =

log(a)

>> ezplot(b,0.001,10)
```

La función ezplot "encuentra" de forma automática la variable libre dentro de la expresión de función. Tenemos que informar sólo a la función que se trazará y al intervalo de ploteo del caso anterior [0001, 10].

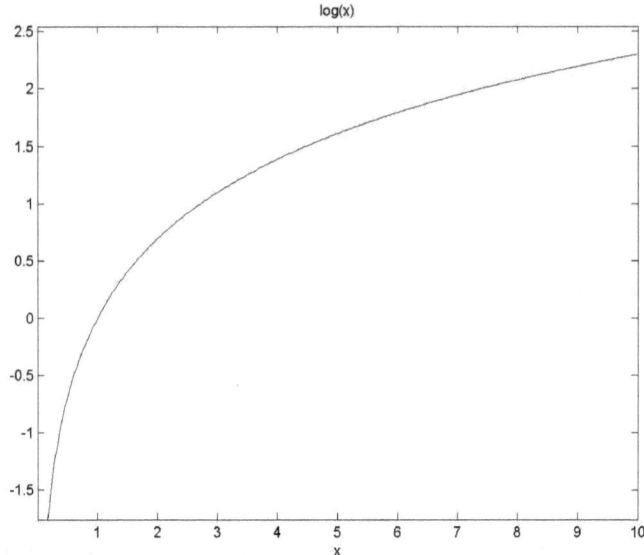

LAS VARIABLES DE SUSTITUCIÓN

En Matlab se utiliza el comando subs para reemplazar variables por valores u otras variables por expresiones simbólicas:

>> syms a x

>> z = a*x^2

z =

a*x^2

>> subs (z,a,2)

ans =

2*x^2

RESOLUCIÓN DE ECUACIONES

La función solve resuelve una ecuación algebraica. Veamos un Ejemplo:

```
>> syms x; y = -3*x^2+2*x+3;
>> solve(y)

ans =

[ 1/3+1/3*10^(1/2)]
[ 1/3-1/3*10^(1/2)]

>> numeric(ans)

ans =

1.9361
-0.3746
```

La función solve resuelve la ecuación z = 0. La función numeric encuentra valores numéricos para la solución de la ecuación.

OPERACIONES ARITMÉTICAS QUE CREAN NÚMEROS COMPLEJOS

Hay varias operaciones que crean números complejos en MATLAB. Uno de estas es incluso la raíz de un número negativo, por definición.

```
>> (-1)^0.5
ans = 0.000 + 1.000i
>> (-3)^0.25
ans = 0.9306 + 0.9306i
```

Como consecuencia de la fórmula de Euler, tomar el logaritmo de un número negativo también da buenos resultados en respuestas imaginarias.

```
>> log(-1)
ans = 0 + 3.1416i
```

Además, las raíces de las funciones encontraron que las funciones de las "raíces" (para los polinomios) o algún otra función rootfinding a menudo devuelven respuestas complejas.

MANIPULAR VALORES COMPLEJOS

En primer lugar, es útil saber si una matriz dada es real o compleja cuando programamos, ya que ciertas operaciones sólo se pueden hacer con números reales. Puesto que los números complejos no tienen su propia clase, MATLAB nos trae otra función llamada 'isreal' para determinar si una matriz dada es real o no. Devuelve 0 si cualquiera de las entradas son complejas.

```
>> A = [1 + i, 3];
```

\>\> Isreal (A)

ans = 0

\>\> Isreal (A) (2)

ans = 1

Note que es posible tener números reales y complejos en la misma matriz, ya que ambos son de la clase double. La función está configurada de esta manera para que usted pueda utilizar esto como parte de un condicional, por lo que un bloque se ejecuta sólo si todos los elementos de la matriz A son reales.

Para extraer sólo la parte real de un complejo de una variable use la función "real". Para extraer sólo la parte compleja utilice la función 'imag'.

\>\> real(A)

ans = 1 3

\>\> imag(A)

ans = 1 0

Una cosa que usted puede necesitar hacer es realizar una operación sobre los valores reales de una matriz, pero no sobre los valores complejos. MATLAB no tiene una función para ver directamente, pero el siguiente par de comandos le permite poner sólo los valores verdaderos en otra matriz:

```
>> RealIndex = (imag(A) == 0); %si la parte imaginaria es cero entonces el numero es real)

>> RealOnly = A(RealIndex)

RealOnly = 3
```

LISTA DE EJERCÍCIOS

A continuación le voy a mostrar una lista de ejercicios que estaría bien que usted realizase, ya que reforzaría todo que usted ha podido leer en este libro.

1. Calcule la raíz de la ecuación f(x)=x3-9x+3 por el Método de la Bisecación en el intervalo I=[0,1] con ☐=10-3 y el número máximo igual a 15.

2. Calcule las raíces de la ecuación f(x) =x3-9x+3 por el Método de Newton-Raphson en los intervalos I1=(-4,-3), I2=(0,1) y I3=(2,3) con ☐=10-3 y con el número máximo de iteraciones igual a 10.

3. Resuelva el sistema lineal abajo usando el Método de Eliminación de Gaus y compárelo con el resultado obtenido por lo MATLAB.

$$\begin{cases} 17x1 + 24\,x2 + x3 + 8\,x4 + 15\,x5 = 175 \\ 33x1 + 5\,x2 + 7\,x3 + 14\,x4 + 16\,x5 = 190 \\ 4x1 + 6\,x2 + 13\,x3 + 20\,x4 + 22\,x5 = 245 \\ 10x1 + 12\,x2 + 19\,x3 + 21\,x4 + 3\,x5 = 190 \\ 11x1 + 18\,x2 + 25\,x3 + 2\,x4 + 9\,x5 = 175 \end{cases}$$

4. Usando la Factoración LU resuelva el sistema lineal mostrado en el ejercicio 3 y compare los resultados obtenidos por MATLAB (comando lu).

5. La distribución de temperatura a lo largo de una aleta en forma de piano circular es dada por la ecuación.

$$\frac{T - T_\infty}{T_S - T_\infty} = \frac{\cosh(m()L-x) + (h_L/mk)\operatorname{senh}(m(L-x))}{\cosh(mL) + (h_L/mk)\operatorname{senh}(mL))}$$

Escriba un programa para determinar la distribución de temperatura a lo largo de la aleta parcelando los resultados.

Datos:

m = 1   L=10

k = 1   T1= 100

hL = 2   T8 = 25

6. La distribución de temperatura a lo largo de la placa mostrada en la figura es dada para la ecuación:

$$T(x., y) = TM \frac{\operatorname{senh}(\square y/L) \operatorname{sem}(\square x/L)}{\operatorname{senh}(\square b/L)}$$

Parcele las distribuciones de temperatura a lo largo de la placa (comando mesh), muestre las isotermas (comando contour) y el gradiente de temperatura en la placa (comandos gradient y quiver).

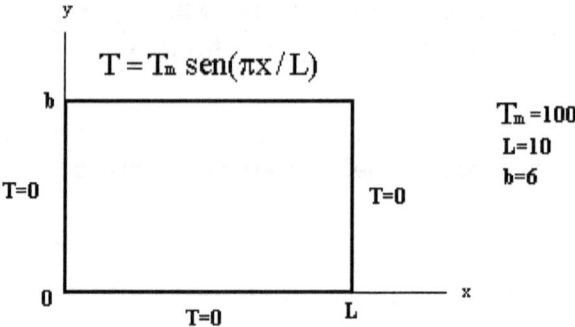

EJERCICIOS PRÁCTICOS

A continuación ejecute los siguientes programas y observe su funcionamiento y resultados, luego modifíquelos y observe su funcionamiento y resultados de nuevo.

% RECURSOS DE ALMACENAMIENTO DE DATOS

help save

help load

z = [1 2 3 4 5 6 7 8];

x = z*2;

y = z - 1;

save archivo 1 a b c

dir

clear

whos

load archivo 1

whos

% ¿en que archivo están guardados los vectores x, y y z?

clear

% RECURSOS GRÁFICOS

y = [0 2 5 4 1 0];

plot(y)

help pi

t = 0:.4:4*pi

y = sin(t)

z = cos(t);

plot(t, y, '.', t, z "-.")

title('Funciones')

xlabel("t")

ylabel("Seno y Coseno")

text(3, 0.5, 'Seno')

% EL próximo comando, seleccione la posición en la que desea colocar el texto 'Coseno' con el mouse

gtext('Coseno')

% AJUSTE DE CURVAS DE DATOS EXPERIMENTALES

t = (-1:.1:1);

x = t.^2;

xr = x+0.2(rand(size(x))-.5);

figure(1); plot(t, xr, 'g*')

p = polyfit(t, xr, 2)

xa = po1yval(p, t);

figure(l); plot(t, xr, 'g*', t, xa)

% la próxima instrucción, clica en dos puntos del gráfico, y los valores

% de las coordenadas serán devueltos en [x,y]

[x, y] = ginput(2)

% PROGRAMANDO CON MATLAB

% Abra un archivo a partir del Matlab (File, New, M-File)

% y estará trabajando en el bloc de notas (Notepad) de Windows.

% introduzca los siguientes comandos y guarde el archivo con el nombre

% prueba1.m.

n = 3 ;

m = 3;

for i = 1: m

    for j= 1 : n

        a(i, j) = i + j;

    end;

end

disp('Matriz A')

disp(a)

%final del programa prueba1.m

% CREAR UNA SUBROPTINA

% Abra otro archivo, guardándolo con el nombre de prueba2.m

% Introduzca los siguientes comandos en este archivo

v = 1:1:10;

m = media(v);

s = sprintf('\n La media es de: %4.2f', m);

disp(s);

% final del programa prueba2.m

Ahora cree el siguiente archivo, con el nombre de media.m

function x = media(u)

% function x = media(u) calcula la media del vector u, colocando el resultado en x

x = sum(u)/length(u);

% final de la subrutina media.m

% en la línea de comando del Matlab, introduzca lo siguiente:

prueba2

echo on

prueba2

echo off

% CREAR UN PROGRAMA EJEMPLO DE GRÁFICO 3D

% Abra otro archivo, guardándolo con el nombre de prueba3.m

% Introduzca los siguientes comandos en este archivo

clear

a = 30;

b = 30;

for i = 1:a

    for j = 1:b

        a(i,j) = sqrt(i+j);

    end

end

z = [y+0.5 y'-0.5;

(y.^2)/5 ((y'-0.1).^2)/2];

mesh(z)

EJERCICIO CON OPERACIONES DE CALCULADORA

MATLAB, entre otras cosas, puede realizar las funciones de una calculadora simple en la línea de comandos. Tratemos para resolver un problema simple: la lectura del cuentakilómetros del coche de Juan era de 3215 km la última vez que llena el depósito de combustible. Ayer comprobado su cuentakilómetros leímos 3503. Llenó el depósito y se dio cuenta que le gastó 30 litros para hacer eso. Si el tanque de gasolina de su coche tiene capacidad para 80 litros, ¿cuánto tiempo puede conducir antes de que este se quede sin gasolina, suponiendo que el rendimiento de la gasolina es el mismo que antes?

En primer lugar vamos a calcular la distancia el coche de Juan ha viajado entre los dos rellenos de gas

\>> 3503-3215

ans =

288

Rendimiento de la gasolina del coche de Juan es

\>> 288/30

ans =

9.6

Con esto, puede conducir

\>> 9,6*80

ans =

786

786 kilómetros antes de quedarse sin gasolina.

Vamos a hacer el mismo ejemplo, ahora mediante la creación de variables con nombre:

\>> distancia = 3503-3215

distancia =

288

\>> kilometraje = distancia/10

kilometraje =

9.6000

\>> projecto_distancia = kilometraje * 80

projecto_distancia =

786.0000

Para evitar que el resultado de la impresión se muestre en la ventana de la línea de comandos, utilice un punto y coma después de la declaración, de esta manera, el resultado será almacenado en la memoria. A continuación, puede acceder a la variable llamando por nombre. Por ejemplo:

\>> Projecto_distancia = kilometraje * 80;

\>>

\>> Projecto_distancia

projecto_distancia =

786.0000

REFERENCIAS

Aprende a Programar en Matlab:

Linpack User's Guide de la *Society for Industrial and Applied Mathematics*, de J.J. Dongarra, C.B. Moler, J.R. Bunch y G. Stewart.

Eispack Guide, Lecture Notes in Computer Science, volume 6, second edition, J.M. Boyle, J. Dongarra, B.S. Garbow, Y. Ikebe y V. Klema.

Eispack Guide Extension, Lecture Notes in Computer Science, volume 51, de B.S. Garbow, J.M. Boyle, J.J. Dongarra, C.B. Moler.

Cálculos Numéricos, Aspectos Teóricos y Computacionales, de M.A. Ruggiero y V.L. Lopes.

Principios de la Transmison de Calor, de F. Kreith.

Dinámica de procesos: Modelado, Análisis y Simulación, de B.W. Bequette.

Matlab guía de uso, Matemática Computacional de A. Ferreiro.

Fundamentos de Programación, de Patricia González R.

Programación en C, de Ángel Arias.

ACERCA DEL AUTOR

Este libro ha sido elaborado por Roberto Silva Acuña, profesor freelance de programación y matemáticas desde el año 2001.

Espero que este libro les sirva para tener las primeras nociones sobre este vastísimo y apasionante universo que es Matlab.

Muchas Gracias

www.ingramcontent.com/pod-product-compliance
Lightning Source LLC
Chambersburg PA
CBHW071413170526
45165CB00001B/255